Travel phrasebooks collection
«Everything Will Be Okay!»

T&P Books Publishing

PHRASEBOOK

— TURKISH —

I0158616

THE MOST IMPORTANT PHRASES

This phrasebook contains the most important phrases and questions for basic communication Everything you need to survive overseas

By Andrey Taranov

T&P BOOKS

Phrasebook + 1500-word dictionary

English-Turkish phrasebook & concise dictionary

By Andrey Taranov

The collection of "Everything Will Be Okay" travel phrasebooks published by T&P Books is designed for people traveling abroad for tourism and business. The phrasebooks contain what matters most - the essentials for basic communication. This is an indispensable set of phrases to "survive" while abroad.

Another section of the book also provides a small dictionary with more than 1,500 useful words arranged alphabetically. The dictionary includes a lot of gastronomic terms and will be helpful when ordering food at a restaurant or buying groceries at the store.

T&P Books Publishing
www.tpbooks.com

ISBN: 978-1-78492-447-8

This book is also available in E-book formats.
Please visit www.tpbooks.com or the major online bookstores.

FOREWORD

The collection of "Everything Will Be Okay" travel phrasebooks published by T&P Books is designed for people traveling abroad for tourism and business. The phrasebooks contain what matters most - the essentials for basic communication. This is an indispensable set of phrases to "survive" while abroad.

This phrasebook will help you in most cases where you need to ask something, get directions, find out how much something costs, etc. It can also resolve difficult communication situations where gestures just won't help.

This book contains a lot of phrases that have been grouped according to the most relevant topics. A separate section of the book also provides a small dictionary with more than 1,500 important and useful words.

Take "Everything Will Be Okay" phrasebook with you on the road and you'll have an irreplaceable traveling companion who will help you find your way out of any situation and teach you to not fear speaking with foreigners.

TABLE OF CONTENTS

T&P Books Publishing

PRONUNCIATION

Letter	Turkish example	T&P phonetic alphabet	English example

Vowels

A a	ada	[a]	shorter than in ask
E e	eş	[e]	elm, medal
I ı	tıp	[ı]	big, America
İ i	isim	[i]	shorter than in feet
O o	top	[ɔ]	bottle, doctor
Ö ö	ödül	[ø]	eternal, church
U u	mum	[u]	book
Ü ü	süt	[y]	fuel, tuna

Consonants

B b	baba	[b]	baby, book
C c	cam	[dʒ]	joke, general
Ç ç	çay	[tʃ]	church, French
D d	diş	[d]	day, doctor
F f	fikir	[f]	face, food
G g	güzel	[g]	game, gold
Ğ ğ ¹	oğul		no sound
Ğ ğ ²	öğle vakti	[j]	yes, New York
H h	hata	[h]	home, have
J j	jest	[ʒ]	forge, pleasure
K k	komşu	[k]	clock, kiss
L l	lise	[l]	lace, people
M m	meydan	[m]	magic, milk
N n	neşe	[n]	name, normal
P p	posta	[p]	pencil, private
R r	rakam	[r]	rice, radio
S s	sabah	[s]	city, boss
Ş ş	şarkı	[ʃ]	machine, shark
T t	tren	[t]	tourist, trip

Letter	Turkish example	T&P phonetic alphabet	English example
V v	vazo	[v]	very, river
Y y	yaş	[j]	yes, New York
Z z	zil	[z]	zebra, please

Comments

* Letters Ww, Xx used in foreign words only
1 silent after hard vowels (a, ı, o, u) and lengthens this vowel
2 after soft vowels (e, i, ö, ü)

LIST OF ABBREVIATIONS

English abbreviations

ab.	-	about
adj	-	adjective
adv	-	adverb
anim.	-	animate
as adj	-	attributive noun used as adjective
e.g.	-	for example
etc.	-	et cetera
fam.	-	familiar
fem.	-	feminine
form.	-	formal
inanim.	-	inanimate
masc.	-	masculine
math	-	mathematics
mil.	-	military
n	-	noun
pl	-	plural
pron.	-	pronoun
sb	-	somebody
sing.	-	singular
sth	-	something
v aux	-	auxiliary verb
vi	-	intransitive verb
vi, vt	-	intransitive, transitive verb
vt	-	transitive verb

T&P BOOKS

TURKISH PHRASEBOOK

This section contains important phrases that may come in handy in various real-life situations.
The phrasebook will help you ask for directions, clarify a price, buy tickets, and order food at a restaurant

T&P Books Publishing

PHRASEBOOK CONTENTS

T&P Books Publishing

Excuse me, ...	**Affedersiniz, ...** [affedɛrsiniz, ...]
Hello.	**Merhaba.** [mɛrhaba]
Thank you.	**Teşekkürler.** [tɛʃekkyrlɛr]
Good bye.	**Hoşça kalın.** [hoʃtʃa kalın]
Yes.	**Evet.** [ɛvet]
No.	**Hayır.** [hajır]
I don't know.	**Bilmiyorum.** [bilmijorum]
Where? | Where to? | When?	**Nerede? | Nereye? | Ne zaman?** [nɛrɛdɛ? | nɛrɛje? | nɛ zaman?]

I need ...	**Bana ... lazım.** [bana ... lazım]
I want ...	**... istiyorum.** [... istijorum]
Do you have ...?	**Sizde ... var mı?** [sizdɛ ... var mı?]
Is there a ... here?	**Burada ... var mı?** [burada ... var mı?]
May I ...?	**... yapabilir miyim?** [... japabilir mijim?]
..., please (polite request)	**..., lütfen** [..., lytfɛn]

I'm looking for ...	**Ben ... arıyorum.** [ben ... arıjorum]
restroom	**tuvaleti** [tuvaleti]
ATM	**bankamatik** [bankamatik]
pharmacy (drugstore)	**eczane** [ɛdʒzane]
hospital	**hastane** [hastanɛ]
police station	**karakolu** [karakolu]
subway	**metroyu** [metroju]

taxi	**taksi** [taksi]
train station	**tren istasyonunu** [tren istasjonunu]

My name is ...	**Benim adım ...** [benim adım ...]
What's your name?	**Adınız nedir?** [adınız nɛdir?]
Could you please help me?	**Bana yardım edebilir misiniz, lütfen?** [bana jardım ɛdɛbilir misiniz, lytfɛn?]
I've got a problem.	**Bir sorunum var.** [bir sorunum var]
I don't feel well.	**Kendimi iyi hissetmiyorum.** [kendimi iji hissɛtmijorum]
Call an ambulance!	**Ambulans çağırın!** [ambulans ʧaːɯrın!]
May I make a call?	**Telefonunuzdan bir arama yapabilir miyim?** [tɛlefonunuzdan bir arama japabilir mijim?]

I'm sorry.	**Üzgünüm.** [yzgynym]
You're welcome.	**Rica ederim.** [riʤa ɛdɛrim]

I, me	**Ben, bana** [ben, bana]
you (inform.)	**sen** [sen]
he	**o** [o]
she	**o** [o]
they (masc.)	**onlar** [onlar]
they (fem.)	**onlar** [onlar]
we	**biz** [biz]
you (pl)	**siz** [siz]
you (sg, form.)	**siz** [siz]

ENTRANCE	**GİRİŞ** [giriʃ]
EXIT	**ÇIKIŞ** [ʧıkıʃ]
OUT OF ORDER	**HİZMET DIŞI** [hizmɛt diʃi]

CLOSED	**KAPALI** [kapali]
OPEN	**AÇIK** [atʃik]
FOR WOMEN	**KADINLAR İÇİN** [kadinlar itʃin]
FOR MEN	**ERKEKLER İÇİN** [ɛrkeklɛr itʃin]

Questions

Where?	**Nerede?** [nɛrɛdɛ?]
Where to?	**Nereye?** [nɛrɛje?]
Where from?	**Nereden?** [nɛrɛdɛn?]
Why?	**Neden?** [nɛdɛn?]
For what reason?	**Niçin?** [nitʃin?]
When?	**Ne zaman?** [nɛ zaman?]

How long?	**Ne kadar sürdü?** [nɛ kadar syrdy?]
At what time?	**Ne zaman?** [nɛ zaman?]
How much?	**Ne kadar?** [nɛ kadar?]
Do you have ...?	**Sizde ... var mı?** [sizdɛ ... var mı?]
Where is ...?	**... nerede?** [... nɛrɛdɛ?]

What time is it?	**Saat kaç?** [saat katʃ?]
May I make a call?	**Telefonunuzdan bir arama yapabilir miyim?** [tɛlefonunuzdan bir arama japabilir mijim?]
Who's there?	**Kim o?** [kim o?]
Can I smoke here?	**Burada sigara içebilir miyim?** [burada sigara itʃebilir mijim?]
May I ...?	**... yapabilir miyim?** [... japabilir mijim?]

Needs

I'd like ...	... istiyorum. [... istijorum]
I don't want ...	... istemiyorum. [... istɛmijorum]
I'm thirsty.	Susadım. [susadım]
I want to sleep.	Uyumak istiyorum. [ujumak istijorum]

I want ...	... istiyorum. [... istijorum]
to wash up	Elimi yüzümü yıkamak [ɛlimi jyzymy jıkamak]
to brush my teeth	Dişlerimi fırçalamak [diʃlerimi fırʧalamak]
to rest a while	Biraz dinlenmek [biraz dinlenmek]
to change my clothes	Üstümü değiştirmek [ystymy dɛ:iʃtirmek]

to go back to the hotel	Otele geri dönmek [otɛle geri dønmek]
to buy ...	... satın almak [... satın almak]
to go to ...	... gitmek [... gitmek]
to visit ...	... ziyaret etmek [... zijarɛt ɛtmek]
to meet with ...	... ile buluşmak [... ile buluʃmak]
to make a call	Bir arama yapmak [bir arama japmak]

I'm tired.	Yorgunum. [jorgunum]
We are tired.	Yorgunuz. [jorgunuz]
I'm cold.	Üşüdüm. [yʃydym]
I'm hot.	Sıcakladım. [sıʤakladım]
I'm OK.	İyiyim. [ijijim]

I need to make a call.	**Telefon etmem lazım.** [tɛlefon ɛtmɛm lazım]
I need to go to the restroom.	**Lavaboya gitmem lazım.** [lavaboja gitmɛm lazım]
I have to go.	**Gitmem gerek.** [gitmɛm gerek]
I have to go now.	**Artık gitmem gerek.** [artık gitmɛm gerek]

Asking for directions

Excuse me, ...	**Affedersiniz, ...** [affedɛrsiniz, ...]
Where is ...?	**... nerede?** [... nɛrɛdɛ?]
Which way is ...?	**... ne tarafta?** [... nɛ tarafta?]
Could you help me, please?	**Bana yardımcı olabilir misiniz, lütfen?** [bana jardımdʒı olabilir misiniz, lytfɛn?]

I'm looking for ...	**... arıyorum.** [... arıjorum]
I'm looking for the exit.	**Çıkışı arıyorum.** [tʃıkıʃı arıjorum]
I'm going to ...	**... gidiyorum.** [... gidijorum]
Am I going the right way to ...?	**... gitmek için doğru yolda mıyım?** [... gitmek itʃin do:ru jolda mıjım?]

Is it far?	**Uzak mıdır?** [uzak mıdır?]
Can I get there on foot?	**Oraya yürüyerek gidebilir miyim?** [oraja jyryjerek gidɛbilir mijim?]
Can you show me on the map?	**Yerini haritada gösterebilir misiniz?** [jerini haritada gøstɛrɛbilir misiniz?]
Show me where we are right now.	**Şu an nerede olduğumuzu gösterir misiniz?** [ʃu an nɛrɛdɛ oldu:umuzu gøstɛrir misiniz?]

Here	**Burada** [burada]
There	**Orada** [orada]
This way	**Bu taraftan** [bu taraftan]

Turn right.	**Sağa dönün.** [sa:a dønyn]
Turn left.	**Sola dönün.** [sola dønyn]
first (second, third) turn	**ilk (ikinci, üçüncü) çıkış** [ilk (ikindʒi, ytʃyndʒy) tʃıkıʃ]
to the right	**sağa** [sa:a]

to the left

sola
[sola]

Go straight.

Dümdüz gidin.
[dymdyz gidin]

Signs

WELCOME!	**HOŞ GELDİNİZ!** [hoʃ gɛldiniz!]
ENTRANCE	**GİRİŞ** [giriʃ]
EXIT	**ÇIKIŞ** [ʧikiʃ]

PUSH	**İTİNİZ** [itiniz]
PULL	**ÇEKİNİZ** [ʧekiniz]
OPEN	**AÇIK** [aʧik]
CLOSED	**KAPALI** [kapali]

FOR WOMEN	**BAYAN** [bajan]
FOR MEN	**BAY** [baj]
MEN, GENTS	**BAY** [baj]
WOMEN, LADIES	**BAYAN** [bajan]

DISCOUNTS	**İNDİRİM** [indirim]
SALE	**İNDİRİM** [indirim]
FREE	**BEDAVA** [bedava]
NEW!	**YENİ!** [jeni!]
ATTENTION!	**DİKKAT!** [dikkat!]

NO VACANCIES	**BOŞ YER YOK** [boʃ jer jok]
RESERVED	**REZERVE** [rezɛrvɛ]
ADMINISTRATION	**MÜDÜRİYET** [mydyrijet]
STAFF ONLY	**PERSONEL HARİCİ GİRİLMEZ** [persɔnɛl hariʤi girilmɛz]

BEWARE OF THE DOG!	DİKKAT KÖPEK VAR! [dikkat køpek var!]
NO SMOKING!	SİGARA İÇMEK YASAKTIR! [sigara itʃmek jasaktir!]
DO NOT TOUCH!	DOKUNMAYINIZ! [dokunmajiniz!]
DANGEROUS	TEHLİKELİ [tehlikɛli]
DANGER	TEHLİKE [tehlikɛ]
HIGH VOLTAGE	YÜKSEK GERİLİM [jyksek gerilim]
NO SWIMMING!	YÜZMEK YASAKTIR! [jyzmek jasaktir!]

OUT OF ORDER	HİZMET DIŞI [hizmɛt diʃi]
FLAMMABLE	YANICI [janidʒi]
FORBIDDEN	YASAK [jasak]
NO TRESPASSING!	GİRİLMEZ! [girilmɛz!]
WET PAINT	YENİ BOYANMIŞ ALAN [jeni bojanmiʃ alan]

CLOSED FOR RENOVATIONS	TADİLAT SEBEBİYLE KAPALIDIR [tadilat sebɛbijlɛ kapalidir]
WORKS AHEAD	İLERİDE YOL ÇALIŞMASI VAR [ileridɛ jol tʃaliʃmasi var]
DETOUR	TALİ YOL [tali jol]

Transportation. General phrases

plane	**uçak** [utʃak]
train	**tren** [tren]
bus	**otobüs** [otobys]
ferry	**feribot** [feribot]
taxi	**taksi** [taksi]
car	**araba** [araba]

schedule	**tarife** [tarifɛ]
Where can I see the schedule?	**Tarifeyi nereden görebilirim?** [tarifɛji nɛrɛdɛn gørebilirim?]
workdays (weekdays)	**haftaiçi** [hafta itʃi]
weekends	**haftasonu** [hafta sonu]
holidays	**tatil günleri** [tatil gynleri]

DEPARTURE	**KALKIŞ** [kalkiʃ]
ARRIVAL	**VARIŞ** [variʃ]
DELAYED	**RÖTARLI** [røtarli]
CANCELED	**İPTAL** [iptal]

next (train, etc.)	**bir sonraki** [bir sonraki]
first	**ilk** [ilk]
last	**son** [son]

When is the next ...?	**Bir sonraki ... ne zaman?** [bir sonraki ... nɛ zaman?]
When is the first ...?	**İlk ... ne zaman?** [ilk ... nɛ zaman?]

When is the last ...?

Son ... ne zaman?
[son ... nε zaman?]

transfer (change of trains, etc.)

aktarma
[aktarma]

to make a transfer

aktarma yapmak
[aktarma japmak]

Do I need to make a transfer?

Aktarma yapmam gerekiyor mu?
[aktarma japmam gerekijor mu?]

Buying tickets

Where can I buy tickets?	**Nereden bilet alabilirim?** [nɛrɛdɛn bilet alabilirim?]
ticket	**bilet** [bilet]
to buy a ticket	**bilet almak** [bilet almak]
ticket price	**bilet fiyatı** [bilet fiʃatı]

Where to?	**Nereye?** [nɛrɛje?]
To what station?	**Hangi istasyona?** [hangi istasjona?]
I need ...	**Bana ... lazım.** [bana ... lazım]
one ticket	**bir bilet** [bir bilet]
two tickets	**iki bilet** [iki bilet]
three tickets	**üç bilet** [ytʃ bilet]

one-way	**tek yön** [tek jøn]
round-trip	**gidiş-dönüş** [gidiʃ-dønyʃ]
first class	**birinci sınıf** [birindʒi sınıf]
second class	**ikinci sınıf** [ikindʒi sınıf]

today	**bugün** [bugyn]
tomorrow	**yarın** [jarın]
the day after tomorrow	**yarından sonraki gün** [jarından sonraki gyn]
in the morning	**sabah** [sabah]
in the afternoon	**öğleden sonra** [øːøledɛn sonra]
in the evening	**akşam** [akʃam]

aisle seat	**koridor tarafı koltuk** [koridor tarafı koltuk]
window seat	**pencere kenarı koltuk** [pendʒɛrɛ kɛnarı koltuk]
How much?	**Ne kadar?** [nɛ kadar?]
Can I pay by credit card?	**Kredi kartıyla ödeyebilir miyim?** [krɛdi kartıjla ødejebilir mijim?]

Bus

bus	**otobüs** [otobys]
intercity bus	**şehirler arası otobüs** [ʃɛhirlɛr arası otobys]
bus stop	**otobüs durağı** [otobys duraːı]
Where's the nearest bus stop?	**En yakın otobüs durağı nerede?** [ɛn jakın otobys duraːı nɛrɛdɛ?]

number (bus ~, etc.)	**numara** [numara]
Which bus do I take to get to ...?	**... gitmek için hangi otobüse binmem lazım?** [... gitmek itʃin hangi otobysɛ binmem lazım?]
Does this bus go to ...?	**Bu otobüs ... gider mi?** [bu otobys ... gidɛr mi?]
How frequent are the buses?	**Ne sıklıkta otobüs var?** [nɛ sıklıkta otobys var?]

every 15 minutes	**on beş dakikada bir** [on beʃ dakikada bir]
every half hour	**her yarım saatte bir** [hɛr jarım saattɛ bir]
every hour	**saat başı** [saat baʃı]
several times a day	**günde birçok sefer** [gyndɛ birtʃok sefɛr]
... times a day	**günde ... kere** [gyndɛ ... kerɛ]

schedule	**tarife** [tarifɛ]
Where can I see the schedule?	**Tarifeyi nereden görebilirim?** [tarifɛji nɛrɛdɛn gørebilirim?]

When is the next bus?	**Bir sonraki otobüs ne zaman?** [bir sonraki otobys nɛ zaman?]
When is the first bus?	**İlk otobüs ne zaman?** [ilk otobys nɛ zaman?]
When is the last bus?	**Son otobüs ne zaman?** [son otobys nɛ zaman?]
stop	**durak** [durak]

next stop

sonraki durak
[sonraki durak]

last stop (terminus)

son durak
[son durak]

Stop here, please.

Burada durun lütfen.
[burada durun lytfɛn]

Excuse me, this is my stop.

Affedersiniz, bu durakta ineceğim.
[affedɛrsiniz, bu durakta inedʒɛ:im]

Train

train	**tren** [tren]
suburban train	**banliyö treni** [banlijø treni]
long-distance train	**uzun mesafe treni** [uzun mesafɛ treni]
train station	**tren istasyonu** [tren istasjonu]
Excuse me, where is the exit to the platform?	**Affedersiniz, perona nasıl gidebilirim?** [affedɛrsiniz, pɛrona nasıl gidɛbilirim?]

Does this train go to ...?	**Bu tren ... gider mi?** [bu tren ... gidɛr mi?]
next train	**bir sonraki tren** [bir sonraki tren]
When is the next train?	**Bir sonraki tren ne zaman?** [bir sonraki tren nɛ zaman?]
Where can I see the schedule?	**Tarifeyi nereden görebilirim?** [tarifɛji nɛrɛdɛn gørebilirim?]
From which platform?	**Hangi perondan?** [hangi perondan?]
When does the train arrive in ...?	**Tren ... ne zaman varır?** [tren ... nɛ zaman varır?]

Please help me.	**Lütfen bana yardımcı olur musunuz?** [lytfɛn bana jardımdʒı olur musunuz?]
I'm looking for my seat.	**Yerimi arıyorum.** [jerimi arıjorum]
We're looking for our seats.	**Yerlerimizi arıyoruz.** [jerlerimizi arıjoruz]
My seat is taken.	**Yerimde başkası oturuyor.** [jerimdɛ baʃkası oturujor]
Our seats are taken.	**Yerlerimizde başkaları oturuyor.** [jerlerimizdɛ baʃkaları oturujor]

I'm sorry but this is my seat.	**Affedersiniz, bu benim koltuğum.** [affedɛrsiniz, bu benim koltu:um]
Is this seat taken?	**Bu koltuk boş mu?** [bu koltuk boʃ mu?]
May I sit here?	**Buraya oturabilir miyim?** [buraja oturabilir mijim?]

On the train. Dialogue (No ticket)

Ticket, please.	**Bilet, lütfen.** [bilet, lytfɛn]
I don't have a ticket.	**Biletim yok.** [biletim jok]
I lost my ticket.	**Biletimi kaybettim.** [biletimi kajbɛttim]
I forgot my ticket at home.	**Biletimi evde unuttum.** [biletimi evdɛ unuttum]

You can buy a ticket from me.	**Biletinizi benden alabilirsiniz.** [biletinizi bɛndɛn alabilirsiniz]
You will also have to pay a fine.	**Ceza da ödemek zorundasınız.** [dʒɛza da ødɛmek zorundasınız]
Okay.	**Tamam.** [tamam]
Where are you going?	**Nereye gidiyorsunuz?** [nɛrɛje gidijorsunuz?]
I'm going to ...	**... gidiyorum.** [... gidijorum]

How much? I don't understand.	**Ne kadar? Anlamıyorum.** [nɛ kadar? anlamıjorum]
Write it down, please.	**Yazar mısınız, lütfen?** [jazar mısınız, lytfɛn?]
Okay. Can I pay with a credit card?	**Tamam. Kredi kartıyla ödeyebilir miyim?** [tamam. krɛdi kartıjla ødejebilir mijim?]
Yes, you can.	**Evet, olur.** [ɛvet, olur]

Here's your receipt.	**Buyrun, makbuzunuz.** [bujrun, makbuzunuz]
Sorry about the fine.	**Ceza için üzgünüm.** [dʒɛza itʃin yzgynym]
That's okay. It was my fault.	**Önemli değil. Benim hatamdı.** [ønemli dɛːil. benim hatamdı]
Enjoy your trip.	**İyi yolculuklar.** [iji joldʒuluklar]

Taxi

taxi	**taksi** [taksi]
taxi driver	**taksi şoförü** [taksi ʃoføry]
to catch a taxi	**taksiye binmek** [taksije binmek]
taxi stand	**taksi durağı** [taksi duraːɯ]
Where can I get a taxi?	**Nereden taksiye binebilirim?** [nɛrɛdɛn taksije binɛbilirim?]

to call a taxi	**taksi çağırmak** [taksi tʃaːɯrmak]
I need a taxi.	**Bana bir taksi lazım.** [bana bir taksi lazɯm]
Right now.	**Hemen şimdi.** [hemɛn ʃimdi]
What is your address (location)?	**Adresiniz nedir?** [adrɛsiniz nɛdir?]
My address is ...	**Adresim ...** [adrɛsim ...]
Your destination?	**Nereye gideceksiniz?** [nɛrɛje gidɛdʒeksiniz?]

Excuse me, ...	**Affedersiniz, ...** [affedɛrsiniz, ...]
Are you available?	**Müsait misiniz?** [mysait misiniz?]
How much is it to get to ...?	**... gitmek ne kadar tutar?** [... gitmek nɛ kadar tutar?]
Do you know where it is?	**Nerede olduğunu biliyor musunuz?** [nɛrɛdɛ olduːunu bilijor musunuz?]
Airport, please.	**Havalimanı, lütfen.** [havalimanı, lytfɛn]
Stop here, please.	**Burada durun, lütfen.** [burada durun, lytfɛn]
It's not here.	**Burası değil.** [burası dɛːil]
This is the wrong address.	**Bu adres yanlış.** [bu adres janlɯʃ]
Turn left.	**Sola dönün.** [sola dønyn]
Turn right.	**Sağa dönün.** [saːa dønyn]

How much do I owe you?	**Borcum ne kadar?** [bordʒum nε kadar?]
I'd like a receipt, please.	**Fiş alabilir miyim, lütfen?** [fiʃ alabilir mijim, lytfεn?]
Keep the change.	**Üstü kalsın.** [ysty kalsın]

Would you please wait for me?	**Beni bekleyebilir misiniz, lütfen?** [beni beklejebilir misiniz, lytfεn?]
five minutes	**beş dakika** [beʃ dakika]
ten minutes	**on dakika** [on dakika]
fifteen minutes	**on beş dakika** [on beʃ dakika]
twenty minutes	**yirmi dakika** [jirmi dakika]
half an hour	**yarım saat** [jarım saat]

Hotel

Hello.	**Merhaba.** [mɛrhaba]
My name is ...	**Adım ...** [adım ...]
I have a reservation.	**Rezervasyonum var.** [rezɛrvasjonum var]

I need ...	**Bana ... lazım.** [bana ... lazım]
a single room	**tek kişilik bir oda** [tek kiʃilik bir oda]
a double room	**çift kişilik bir oda** [ʧift kiʃilik bir oda]
How much is that?	**Ne kadar tuttu?** [nɛ kadar tuttu?]
That's a bit expensive.	**Bu biraz pahalı.** [bu biraz pahalı]

Do you have any other options?	**Elinizde başka seçenek var mı?** [ɛlinizdɛ baʃka seʧɛnek var mı?]
I'll take it.	**Bunu alıyorum.** [bunu alıjorum]
I'll pay in cash.	**Peşin ödeyeceğim.** [peʃin ødejedʒɛ:im]

I've got a problem.	**Bir sorunum var.** [bir sorunum var]
My ... is broken.	**... bozuk.** [... bozuk]
My ... is out of order.	**... çalışmıyor.** [... ʧalıʃmıjor]
TV	**Televizyon** [tɛlevizjon]
air conditioning	**Klima** [klima]
tap	**Musluk** [musluk]

shower	**Duş** [duʃ]
sink	**Lavabo** [lavabo]
safe	**Kasa** [kasa]

door lock	**Kapı kilidi** [kapı kilidi]
electrical outlet	**Priz** [priz]
hairdryer	**Saç kurutma makinesi** [satʃ kurutma makinɛsi]

I don't have ...	**... yok** [... jo:k]
water	**Su** [su]
light	**Işık** [iʃık]
electricity	**Elektrik** [ɛlektrik]

Can you give me ...?	**Bana ... verebilir misiniz?** [bana ... vɛrɛbilir misiniz?]
a towel	**bir havlu** [bir havlu]
a blanket	**bir battaniye** [bir battanije]
slippers	**bir terlik** [bir tɛrlik]
a robe	**bir bornoz** [bir bornoz]
shampoo	**biraz şampuan** [biraz ʃampuan]
soap	**biraz sabun** [biraz sabun]

I'd like to change rooms.	**Odamı değiştirmek istiyorum.** [odamı dɛ:iʃtirmek istijorum]
I can't find my key.	**Anahtarımı bulamıyorum.** [anahtarımı bulamıjorum]
Could you open my room, please?	**Odamı açabilir misiniz, lütfen?** [odamı atʃabilir misiniz, lytfɛn?]
Who's there?	**Kim o?** [kim o?]
Come in!	**Girin!** [girin!]
Just a minute!	**Bir dakika!** [bir dakika!]
Not right now, please.	**Lütfen şimdi değil.** [lytfɛn ʃimdi dɛ:il]

Come to my room, please.	**Odama gelin, lütfen.** [odama gelin, lytfɛn]
I'd like to order food service.	**Odama yemek siparişi vermek istiyorum.** [odama jemek sipariʃi vɛrmek istijorum]

33

My room number is ...	**Oda numaram ...** [oda numaram ...]
I'm leaving ...	**... gidiyorum.** [... gidijorum]
We're leaving ...	**... gidiyoruz.** [... gidijoruz]
right now	**şimdi** [ʃimdi]
this afternoon	**öğleden sonra** [øːøledɛn sonra]
tonight	**bu akşam** [bu akʃam]
tomorrow	**yarın** [jarın]
tomorrow morning	**yarın sabah** [jarın sabah]
tomorrow evening	**yarın akşam** [jarın akʃam]
the day after tomorrow	**yarından sonraki gün** [jarından sonraki gyn]

I'd like to pay.	**Ödeme yapmak istiyorum.** [ødɛmɛ japmak istijorum]
Everything was wonderful.	**Herşey harikaydı.** [hɛrʃej harikajdı]
Where can I get a taxi?	**Nereden taksiye binebilirim?** [nɛrɛdɛn taksije binɛbilirim?]
Would you call a taxi for me, please?	**Bana bir taksi çağırır mısınız, lütfen?** [bana bir taksi tʃaːırır mısınız, lytfɛn?]

Restaurant

Can I look at the menu, please?	**Menüye bakabilir miyim, lütfen?** [mɛnyje bakabilir mijim, lytfɛn?]
Table for one.	**Bir kişilik masa.** [bir kiʃilik masa]
There are two (three, four) of us.	**İki (üç, dört) kişiyiz.** [iki (ytʃ, dørt) kiʃijiz]

Smoking	**Sigara içilen bölüm** [sigara itʃilɛn bølym]
No smoking	**Sigara içilmeyen bölüm** [sigara itʃilmejen bølym]
Excuse me! (addressing a waiter)	**Affedersiniz!** [affedɛrsiniz!]
menu	**menü** [mɛny]
wine list	**şarap listesi** [ʃarap listɛsi]
The menu, please.	**Menü, lütfen.** [mɛny, lytfɛn]
Are you ready to order?	**Sipariş vermeye hazır mısınız?** [sipariʃ vermeje hazır mısınız?]
What will you have?	**Ne alırsınız?** [nɛ alırsınız?]
I'll have ...	**... alacağım.** [... aladʒaːım]

I'm a vegetarian.	**Ben vejetaryenim.** [ben veʒetarjenim]
meat	**et** [ɛt]
fish	**balık** [balık]
vegetables	**sebze** [sebzɛ]
Do you have vegetarian dishes?	**Vejetaryen yemekleriniz var mı?** [veʒetarjen jemekleriniz var mı?]
I don't eat pork.	**Domuz eti yemem.** [domuz ɛti jemɛm]
He /she/ doesn't eat meat.	**O et yemez.** [o ɛt jemɛz]
I am allergic to ...	**... alerjim var.** [... alerʒim var]
Would you please bring me ...	**Bana ... getirir misiniz, lütfen?** [bana ... getirir misiniz, lytfɛn?]

salt | pepper | sugar	**tuz | biber | şeker** [tuz | bibɛr | ʃekɛr]
coffee | tea | dessert	**kahve | çay | tatlı** [kahvɛ | ʧaj | tatlı]
water | sparkling | plain	**su | maden | içme** [su | madɛn | iʧmɛ]
a spoon | fork | knife	**kaşık | çatal | bıçak** [kaʃık | ʧatal | bıʧak]
a plate | napkin	**tabak | peçete** [tabak | peʧɛtɛ]

Enjoy your meal!	**Afiyet olsun!** [afijet olsun!]
One more, please.	**Bir tane daha, lütfen.** [bir tanɛ daha, lytfɛn]
It was very delicious.	**Çok lezzetliydi.** [ʧok lezzɛtlijdi]

check | change | tip	**hesap | para üstü | bahşiş** [hesap | para ysty | bahʃiʃ]
Check, please. (Could I have the check, please?)	**Hesap, lütfen.** [hesap, lytfɛn]
Can I pay by credit card?	**Kredi kartıyla ödeyebilir miyim?** [krɛdi kartıjla ødejebilir mijim?]
I'm sorry, there's a mistake here.	**Affedersiniz, burada bir yanlışlık var.** [affedɛrsiniz, burada bir janlıʃlık var]

Shopping

Can I help you?	**Yardımcı olabilir miyim?** [jardımdʒı olabilir mijim?]
Do you have ...?	**Sizde ... var mı?** [sizdɛ ... var mı?]
I'm looking for ...	**... arıyorum.** [... arıjorum]
I need ...	**Bana ... lazım.** [bana ... lazım]

I'm just looking.	**Sadece bakıyorum.** [sadedʒɛ bakıjorum]
We're just looking.	**Sadece bakıyoruz.** [sadedʒɛ bakıjoruz]
I'll come back later.	**Daha sonra tekrar geleceğim.** [daha sonra tekrar gelɛdʒɛ:im]
We'll come back later.	**Daha sonra tekrar geleceğiz.** [daha sonra tekrar gelɛdʒɛ:iz]
discounts | sale	**iskonto | indirimli satış** [iskonto | indirimli satıʃ]

Would you please show me ...	**Bana ... gösterebilir misiniz?** [bana ... gøstɛrɛbilir misiniz?]
Would you please give me ...	**Bana ... verebilir misiniz?** [bana ... vɛrɛbilir misiniz?]
Can I try it on?	**Deneyebilir miyim?** [denɛjebilir mijim?]
Excuse me, where's the fitting room?	**Affedersiniz, deneme kabini nerede?** [affedɛrsiniz, dɛnɛmɛ kabini nɛrɛdɛ?]
Which color would you like?	**Ne renk istersiniz?** [nɛ rɛnk istɛrsiniz?]
size | length	**beden | boy** [bedɛn | boj]
How does it fit?	**Nasıl, üzerinize oldu mu?** [nasıl, yzɛrinizɛ oldu mu?]

How much is it?	**Bu ne kadar?** [bu nɛ kadar?]
That's too expensive.	**Çok pahalı.** [tʃok pahalı]
I'll take it.	**Bunu alıyorum.** [bunu alıjorum]
Excuse me, where do I pay?	**Affedersiniz, ödemeyi nerede yapabilirim?** [affedɛrsiniz, ødemɛji nɛrɛdɛ japabilirim?]

Will you pay in cash or credit card?

Nakit mi yoksa kredi kartıyla mı ödeyeceksiniz?
[nakit mi joksa krɛdi kartıjla mı ødejedӡeksiniz?]

In cash | with credit card

Nakit | kredi kartıyla
[nakit | krɛdi kartıjla]

Do you want the receipt?

Fatura ister misiniz?
[fatura istɛr misiniz?]

Yes, please.

Evet, lütfen.
[ɛvet, lytfɛn]

No, it's OK.

Hayır, gerek yok.
[hajır, gerek jok]

Thank you. Have a nice day!

Teşekkür ederim. İyi günler!
[tɛʃekkyr ɛdɛrim. iji gynlɛr!]

In town

Excuse me, please.	**Affedersiniz.** [affedɛrsiniz]
I'm looking for ...	**... arıyorum.** [... arıjorum]
the subway	**Metroyu** [metroju]
my hotel	**Otelimi** [otɛlimi]
the movie theater	**Sinemayı** [sinemajı]
a taxi stand	**Taksi durağını** [taksi dura:ını]
an ATM	**Bir bankamatik** [bir bankamatik]
a foreign exchange office	**Bir döviz bürosu** [bir døviz byrosu]
an internet café	**Bir internet kafe** [bir intɛrnɛt kafɛ]
... street	**... caddesini** [... dʒaddɛsini]
this place	**Şurayı** [ʃurajı]
Do you know where ... is?	**... nerede olduğunu biliyor musunuz?** [... nɛrɛdɛ oldu:unu bilijor musunuz?]
Which street is this?	**Bu caddenin adı ne?** [bu dʒaddenin adı nɛ?]
Show me where we are right now.	**Şu an nerede olduğumuzu gösterir misiniz?** [ʃu an nɛrɛdɛ oldu:umuzu gøstɛrir misiniz?]
Can I get there on foot?	**Oraya yürüyerek gidebilir miyim?** [oraja jyryjerek gidɛbilir mijim?]
Do you have a map of the city?	**Sizde şehir haritası var mı?** [sizdɛ ʃɛhir haritası var mı?]
How much is a ticket to get in?	**Giriş bileti ne kadar?** [giriʃ bileti nɛ kadar?]
Can I take pictures here?	**Burada fotoğraf çekebilir miyim?** [burada foto:raf tʃekɛbilir mijim?]
Are you open?	**Açık mısınız?** [atʃık mısınız?]

When do you open?

Ne zaman açıyorsunuz?
[nɛ zaman atʃɪjorsunuz?]

When do you close?

Ne zaman kapatıyorsunuz?
[nɛ zaman kapatɪjorsunuz?]

Money

money	**para** [para]
cash	**nakit** [nakit]
paper money	**kağıt para** [ka:ıt para]
loose change	**bozukluk** [bozukluk]
check | change | tip	**hesap | para üstü | bahşiş** [hesap | para ysty | bahʃiʃ]
credit card	**kredi kartı** [krɛdi kartı]
wallet	**cüzdan** [dʒyzdan]
to buy	**satın almak** [satın almak]
to pay	**ödemek** [ødɛmek]
fine	**ceza** [dʒɛza]
free	**bedava** [bedava]
Where can I buy ...?	**Nereden ... alabilirim?** [nɛrɛdɛn ... alabilirim?]
Is the bank open now?	**Banka açık mı?** [banka atʃık mı?]
When does it open?	**Ne zaman açılıyor?** [nɛ zaman atʃılıjor?]
When does it close?	**Ne zaman kapanıyor?** [nɛ zaman kapanıjor?]
How much?	**Ne kadar?** [nɛ kadar?]
How much is this?	**Bunun fiyatı nedir?** [bunun fijatı nɛdir?]
That's too expensive.	**Çok pahalı.** [tʃok pahalı]
Excuse me, where do I pay?	**Affedersiniz, ödemeyi nerede yapabilirim?** [affedɛrsiniz, ødemɛji nɛrɛdɛ japabilirim?]

Check, please.	**Hesap, lütfen.**
	[hesap, lytfɛn]
Can I pay by credit card?	**Kredi kartıyla ödeyebilir miyim?**
	[krɛdi kartıjla ødejebilir mijim?]
Is there an ATM here?	**Buralarda bankamatik var mı?**
	[buralarda bankamatik var mı?]
I'm looking for an ATM.	**Bankamatik arıyorum.**
	[bankamatik arıjorum]

I'm looking for a foreign exchange office.	**Döviz bürosu arıyorum.**
	[døviz byrosu arıjorum]
I'd like to change ...	**... bozdurmak istiyorum**
	[... bozdurmak istijorum]
What is the exchange rate?	**Döviz kuru nedir?**
	[døviz kuru nɛdir?]
Do you need my passport?	**Pasaportuma gerek var mı?**
	[pasaportuma gerek var mı?]

Time

What time is it?	**Saat kaç?** [saat katʃ?]
When?	**Ne zaman?** [nɛ zaman?]
At what time?	**Saat kaçta?** [saat katʃta?]
now | later | after ...	**şimdi | sonra | ...den sonra** [ʃimdi | sonra | ...den sonra]
one o'clock	**saat bir** [saat bir]
one fifteen	**bir on beş** [bir on bɛʃ]
one thirty	**bir otuz** [bir otuz]
one forty-five	**bir kırk beş** [bir kırk beʃ]
one | two | three	**bir | iki | üç** [bir | iki | ytʃ]
four | five | six	**dört | beş | altı** [dørt | beʃ | altı]
seven | eight | nine	**yedi | sekiz | dokuz** [jedi | sekiz | dokuz]
ten | eleven | twelve	**on | on bir | on iki** [on | on bir | on iki]
in ...	**... içinde** [... itʃindɛ]
five minutes	**beş dakika** [beʃ dakika]
ten minutes	**on dakika** [on dakika]
fifteen minutes	**on beş dakika** [on beʃ dakika]
twenty minutes	**yirmi dakika** [jirmi dakika]
half an hour	**yarım saat** [jarım saat]
an hour	**bir saat** [bir saat]

in the morning	**sabah** [sabah]
early in the morning	**sabah erkenden** [sabah ɛrkendɛn]
this morning	**bu sabah** [bu sabah]
tomorrow morning	**yarın sabah** [jarın sabah]

at noon	**öğlen yemeğinde** [ø:ølɛn jeme:indɛ]
in the afternoon	**öğleden sonra** [ø:øledɛn sonra]
in the evening	**akşam** [akʃam]
tonight	**bu akşam** [bu akʃam]

at night	**geceleyin** [gedʒɛlejin]
yesterday	**dün** [dyn]
today	**bugün** [bugyn]
tomorrow	**yarın** [jarın]
the day after tomorrow	**yarından sonraki gün** [jarından sonraki gyn]

What day is it today?	**Bugün günlerden ne?** [bugyn gynlerdɛn nɛ?]
It's …	**Bugün …** [bugyn …]
Monday	**Pazartesi** [pazartɛsi]
Tuesday	**Salı** [salı]
Wednesday	**Çarşamba** [ʧarʃamba]

Thursday	**Perşembe** [perʃembɛ]
Friday	**Cuma** [dʒuma]
Saturday	**Cumartesi** [dʒumartɛsi]
Sunday	**Pazar** [pazar]

Greetings. Introductions

Hello.
Merhaba.
[mɛrhaba]

Pleased to meet you.
Tanıştığımıza memnun oldum.
[tanıʃtɪːɪmıza memnun oldum]

Me too.
Ben de.
[ben dɛ]

I'd like you to meet ...
Sizi ... ile tanıştırmak istiyorum
[sizi ... ile tanıʃtırmak istijorum]

Nice to meet you.
Memnun oldum.
[memnun oldum]

How are you?
Nasılsınız?
[nasılsınız?]

My name is ...
Adım ...
[adım ...]

His name is ...
Adı ...
[adı ...]

Her name is ...
Adı ...
[adı ...]

What's your name?
Adınız nedir?
[adınız nɛdir?]

What's his name?
Onun adı ne?
[onun adı nɛ?]

What's her name?
Onun adı ne?
[onun adı nɛ?]

What's your last name?
Soyadınız nedir?
[sojadınız nɛdir?]

You can call me ...
Bana ... diyebilirsiniz.
[bana ... dijebilirsiniz]

Where are you from?
Nereden geliyorsunuz?
[nɛrɛdɛn gelijorsunuz?]

I'm from ...
... dan geliyorum.
[... dan gelijorum]

What do you do for a living?
Mesleğiniz nedir?
[mɛsleːiniz nɛdir?]

Who is this?
Bu kim?
[bu kim?]

Who is he?
O kim?
[o kim?]

Who is she?
O kim?
[o kim?]

Who are they?
Onlar kim?
[onlar kim?]

This is ...	**Bu ...** [bu ...]
my friend (masc.)	**arkadaşım** [arkadaʃım]
my friend (fem.)	**arkadaşım** [arkadaʃım]
my husband	**kocam** [kodʒam]
my wife	**karım** [karım]

my father	**babam** [babam]
my mother	**annem** [annɛm]
my brother	**erkek kardeşim** [ɛrkek kardɛʃim]
my sister	**kız kardeşim** [kız kardɛʃim]
my son	**oğlum** [o:lum]
my daughter	**kızım** [kızım]

This is our son.	**Bu bizim oğlumuz.** [bu bizim o:lumuz]
This is our daughter.	**Bu bizim kızımız.** [bu bizim kızımız]
These are my children.	**Bunlar benim çocuklarım.** [bunlar benim tʃodʒuklarım]
These are our children.	**Bunlar bizim çocuklarımız.** [bunlar bizim tʃodʒuklarımız]

Farewells

Good bye!	**Hoşça kalın!** [hoʃʧa kalın!]
Bye! (inform.)	**Görüşürüz!** [gøryʃyryz!]
See you tomorrow.	**Yarın görüşmek üzere.** [jarın gøryʃmek yzɛrɛ]
See you soon.	**Görüşmek üzere.** [gøryʃmek yzɛrɛ]
See you at seven.	**Saat yedide görüşürüz.** [saat jedidɛ gøryʃyryz]
Have fun!	**İyi eğlenceler!** [iji ɛ:lenʤelɛr!]
Talk to you later.	**Sonra konuşuruz.** [sonra konuʃuruz]
Have a nice weekend.	**İyi hafta sonları.** [iji hafta sonları]
Good night.	**İyi geceler.** [iji gɛʤelɛr]
It's time for me to go.	**Gitme vaktim geldi.** [gitmɛ vaktim gɛldi]
I have to go.	**Gitmem lazım.** [gitmɛm lazım]
I will be right back.	**Hemen dönerim.** [hemɛn dønɛrim]
It's late.	**Geç oldu.** [gɛʧ oldu]
I have to get up early.	**Erken kalkmam lazım.** [ɛrken kalkmam lazım]
I'm leaving tomorrow.	**Yarın gidiyorum.** [jarın gidijorum]
We're leaving tomorrow.	**Yarın gidiyoruz.** [jarın gidijoruz]
Have a nice trip!	**İyi yolculuklar!** [iji jolʤuluklar!]
It was nice meeting you.	**Tanıştığımıza memnun oldum.** [tanıʃtı:ımıza memnun oldum]
It was nice talking to you.	**Konuştuğumuza memnun oldum.** [konuʃtu:umuza memnun oldum]
Thanks for everything.	**Herşey için teşekkürler.** [hɛrʃej iʧin tɛʃekkyrlɛr]

I had a very good time.	**Çok iyi vakit geçirdim.** [tʃok iji vakit getʃirdim]
We had a very good time.	**Çok iyi vakit geçirdik.** [tʃok iji vakit getʃirdik]
It was really great.	**Gerçekten harikaydı.** [gertʃektɛn harikajdɪ]
I'm going to miss you.	**Seni özleyeceğim.** [seni øzlejedʒɛːim]
We're going to miss you.	**Sizi özleyeceğiz.** [sizi øzlejedʒɛːiz]
Good luck!	**İyi şanslar!** [iji ʃanslar!]
Say hi to ...	**... selam söyle.** [... sɛlam søjle]

Foreign language

I don't understand.	**Anlamıyorum.** [anlamıjorum]
Write it down, please.	**Yazar mısınız, lütfen?** [jazar mısınız, lytfɛn?]
Do you speak ...?	**... biliyor musunuz?** [... bilijor musunuz?]

I speak a little bit of ...	**Biraz ... biliyorum.** [biraz ... bilijorum]
English	**İngilizce** [ingilizdʒɛ]
Turkish	**Türkçe** [tyrktʃɛ]
Arabic	**Arapça** [araptʃa]
French	**Fransızca** [fransızdʒa]

German	**Almanca** [almandʒa]
Italian	**İtalyanca** [italjandʒa]
Spanish	**İspanyolca** [ispanjoldʒa]
Portuguese	**Portekizce** [portekizdʒɛ]
Chinese	**Çince** [tʃindʒɛ]
Japanese	**Japonca** [ʒapondʒa]

Can you repeat that, please.	**Tekrar edebilir misiniz, lütfen?** [tekrar ɛdɛbilir misiniz, lytfɛn?]
I understand.	**Anlıyorum.** [anlıjorum]
I don't understand.	**Anlamıyorum.** [anlamıjorum]
Please speak more slowly.	**Lütfen daha yavaş konuşun.** [lytfɛn daha javaʃ konuʃun]

Is that correct? (Am I saying it right?)	**Bu doğru mu?** [bu doːru mu?]
What is this? (What does this mean?)	**Bu ne?** [bu nɛ?]

Apologies

Excuse me, please.	**Affedersiniz.** [affedɛrsiniz]
I'm sorry.	**Üzgünüm.** [yzgynym]
I'm really sorry.	**Gerçekten çok üzgünüm.** [gertʃektɛn tʃok yzgynym]
Sorry, it's my fault.	**Özür dilerim, benim hatam.** [øzyr dilerim, benim hatam]
My mistake.	**Benim hatamdı.** [benim hatamdı]
May I ...?	**... yapabilir miyim?** [... japabilir mijim?]
Do you mind if I ...?	**... bir mahsuru var mı?** [... bir mahsuru var mı?]
It's OK.	**Sorun değil.** [sorun dɛ:il]
It's all right.	**Zararı yok.** [zararı jok]
Don't worry about it.	**Hiç önemli değil.** [hitʃ önemli dɛ:il]

Agreement

Yes.	**Evet.** [ɛvet]
Yes, sure.	**Evet, tabii ki.** [ɛvet, tabii ki]
OK (Good!)	**Tamam.** [tamam]
Very well.	**Çok iyi.** [ʧok iji]
Certainly!	**Tabii ki!** [tabii ki!]
I agree.	**Katılıyorum.** [katılıjorum]

That's correct.	**Doğru.** [do:ru]
That's right.	**Aynen öyle.** [ajnɛn øjle]
You're right.	**Haklısınız.** [haklısınız]
I don't mind.	**Benim için sorun değil.** [benim iʧin sorun dɛ:il]
Absolutely right.	**Kesinlikle doğru.** [kesinliklɛ do:ru]

It's possible.	**Bu mümkün.** [bu mymkyn]
That's a good idea.	**Bu iyi bir fikir.** [bu iji bir fikir]
I can't say no.	**Hayır diyemem.** [hajır dijemɛm]
I'd be happy to.	**Memnun olurum.** [memnun olurum]
With pleasure.	**Zevkle.** [zɛvkle]

Refusal. Expressing doubt

No.	**Hayır.** [hajır]
Certainly not.	**Kesinlikle hayır.** [kesinliklɛ hajır]
I don't agree.	**Katılmıyorum.** [katılmıjorum]
I don't think so.	**Sanmıyorum.** [sanmıjorum]
It's not true.	**Bu doğru değil.** [bu doːru dɛːil]

You are wrong.	**Yanılıyorsunuz.** [janılıjorsunuz]
I think you are wrong.	**Bence yanılıyorsunuz.** [bendʒe janılıjorsunuz]
I'm not sure.	**Emin değilim.** [ɛmin dɛːilim]
It's impossible.	**Bu mümkün değil.** [bu mymkyn dɛːil]
Nothing of the kind (sort)!	**Hiçbir surette!** [hitʃbir surɛttɛ!]

The exact opposite.	· **Tam tersi.** [tam tɛrsi]
I'm against it.	**Ben buna karşıyım.** [ben buna karʃıjım]
I don't care.	**Umrumda değil.** [umrumda dɛːil]
I have no idea.	**Hiçbir fikrim yok.** [hitʃbir fikrim jok]
I doubt that.	**O konuda şüpheliyim.** [o konuda ʃyphɛlijim]

Sorry, I can't.	**Üzgünüm, yapamam.** [yzgynym, japamam]
Sorry, I don't want to.	**Üzgünüm, istemiyorum.** [yzgynym, istɛmijorum]

Thank you, but I don't need this.	**Teşekkür ederim,** **fakat buna ihtiyacım yok.** [tɛʃekkyr ɛdɛrim, fakat buna ihtijadʒım jok]
It's late.	**Geç oluyor.** [getʃ olujor]

I have to get up early.

Erken kalmalıyım.
[ɛrken kalmalıjim]

I don't feel well.

Kendimi iyi hissetmiyorum.
[kendimi iji hissɛtmijorum]

Expressing gratitude

Thank you.	**Teşekkürler.** [teʃekkyrlɛr]
Thank you very much.	**Çok teşekkür ederim.** [tʃok teʃekkyr edɛrim]
I really appreciate it.	**Gerçekten müteşekkirim.** [gertʃektɛn myteʃekkirim]
I'm really grateful to you.	**Size hakikaten minnettarım.** [sizɛ hakikatɛn minnettarım]
We are really grateful to you.	**Size hakikaten minnettarız.** [sizɛ hakikatɛn minnettarız]
Thank you for your time.	**Zaman ayırdığınız için teşekkür ederim.** [zaman ajırdı:ınız itʃin teʃekkyr edɛrim]
Thanks for everything.	**Herşey için teşekkürler.** [hɛrʃɛj itʃin teʃekkyrlɛr]
Thank you for ...	**... için teşekkürler.** [... itʃin teʃekkyrlɛr]
your help	**Yardımınız için teşekkürler.** [jardımınız itʃin teʃekkyrlɛr]
a nice time	**Bu güzel vakit için teşekkürler.** [bu gyzɛl vakit itʃin teʃekkyrlɛr]
a wonderful meal	**Bu harika yemek için teşekkürler.** [bu harika jemek itʃin teʃekkyrlɛr]
a pleasant evening	**Bu güzel akşam için teşekkürler.** [bu gyzɛl akʃam itʃin teʃekkyrlɛr]
a wonderful day	**Bu harika gün için teşekkürler.** [bu harika gyn itʃin teʃekkyrlɛr]
an amazing journey	**Bu harika yolculuk için teşekkürler.** [bu harika joldʒuluk itʃin teʃekkyrlɛr]
Don't mention it.	**Lafı bile olmaz.** [lafı bilɛ olmaz]
You are welcome.	**Bir şey değil.** [bir ʃɛj dɛ:il]
Any time.	**Her zaman.** [hɛr zaman]
My pleasure.	**O zevk bana ait.** [o zɛvk bana ait]

Forget it. It's alright.

Hiç önemli değil.
[hiʧ ønemli dɛ:il]

Don't worry about it.

Hiç dert etme.
[hiʧ dɛrt ɛtmɛ]

Congratulations. Best wishes

Congratulations!	**Tebrikler!** [tɛbriklɛr!]
Happy birthday!	**Doğum günün kutlu olsun!** [do:um gynyn kutlu olsun!]
Merry Christmas!	**Mutlu Noeller!** [mutlu noɛllɛr!]
Happy New Year!	**Yeni yılın kutlu olsun!** [jeni jılın kutlu olsun!]
Happy Easter!	**Mutlu Paskalyalar!** [mutlu paskaljalar!]
Happy Hanukkah!	**Mutlu Hanuka Bayramları!** [mutlu hanuka bajramları!]
I'd like to propose a toast.	**Kadeh kaldırmak istiyorum.** [kadɛh kaldırmak istijorum]
Cheers!	**Şerefe!** [ʃɛrɛfɛ!]
Let's drink to …!	**… için kadeh kaldıralım!** [… Itʃin kadɛh kaldıralım!]
To our success!	**Başarımıza!** [baʃarımıza!]
To your success!	**Başarınıza!** [baʃarınıza!]
Good luck!	**İyi şanslar!** [iji ʃanslar!]
Have a nice day!	**İyi günler!** [iji gynlɛr!]
Have a good holiday!	**İyi tatiller!** [iji tatillɛr!]
Have a safe journey!	**İyi yolculuklar!** [iji joldʒuluklar!]
I hope you get better soon!	**Geçmiş olsun!** [getʃmiʃ olsun!]

Socializing

Why are you sad?	**Neden üzgünsünüz?** [nɛdɛn yzgynsynyz?]
Smile! Cheer up!	**Gülümseyin! Neşelenin!** [gylymsɛjin! nɛʃɛlɛnin!]
Are you free tonight?	**Bu gece müsait misiniz?** [bu gedʒɛ mysait misiniz?]

May I offer you a drink?	**Size bir içki ısmarlayabilir miyim?** [sizɛ bir iʧki ısmarlajabilir mijim?]
Would you like to dance?	**Dans eder misiniz?** [dans ɛdɛr misiniz?]
Let's go to the movies.	**Hadi sinemaya gidelim.** [hadi sinemaja gidɛlim]

May I invite you to ...?	**Sizi ... davet edebilir miyim?** [sizi ... davɛt ɛdɛbilir mijim?]
a restaurant	**restorana** [restorana]
the movies	**sinemaya** [sinemaja]
the theater	**tiyatroya** [tijatroja]
go for a walk	**yürüyüşe** [jyryjyʃɛ]

At what time?	**Saat kaçta?** [saat kaʧta?]
tonight	**bu gece** [bu gedʒɛ]
at six	**altıda** [altıda]
at seven	**yedide** [jedidɛ]
at eight	**sekizde** [sekizdɛ]
at nine	**dokuzda** [dokuzda]

Do you like it here?	**Burayı sevdiniz mi?** [burajı sɛvdiniz mi?]
Are you here with someone?	**Biriyle birlikte mi geldiniz?** [birijle birliktɛ mi geldiniz?]
I'm with my friend.	**Arkadaşımlayım.** [arkadaʃımlajım]

I'm with my friends.	**Arkadaşlarımlayım.** [arkadaʃlarımlajım]
No, I'm alone.	**Hayır, yalnızım.** [hajır, jalnızım]

Do you have a boyfriend?	**Erkek arkadaşınız var mı?** [ɛrkek arkadaʃınız var mı?]
I have a boyfriend.	**Erkek arkadaşım var.** [ɛrkek arkadaʃım var]
Do you have a girlfriend?	**Kız arkadaşınız var mı?** [kız arkadaʃınız var mı?]
I have a girlfriend.	**Kız arkadaşım var.** [kız arkadaʃım var]

Can I see you again?	**Seni tekrar görebilir miyim?** [seni tekrar gørebilir mijim?]
Can I call you?	**Seni arayabilir miyim?** [seni arajabilir mijim?]
Call me. (Give me a call.)	**Ara beni.** [ara beni]
What's your number?	**Telefon numaran nedir?** [tɛlefon numaran nɛdir?]
I miss you.	**Seni özledim.** [seni øzledim]

You have a beautiful name.	**Adınız çok güzel.** [adınız ʧok gyzɛl]
I love you.	**Seni seviyorum.** [seni sevijorum]
Will you marry me?	**Benimle evlenir misin?** [benimle ɛvlenir misin?]
You're kidding!	**Şaka yapıyorsunuz!** [ʃaka japıjorsunuz!]
I'm just kidding.	**Sadece şaka yapıyorum.** [sadedʒɛ ʃaka japıjorum]

Are you serious?	**Ciddi misiniz?** [dʒiddi misiniz?]
I'm serious.	**Ciddiyim.** [dʒiddijim]
Really?!	**Gerçekten mi?!** [gerʧektɛn mi?!]
It's unbelievable!	**İnanılmaz!** [inanılmaz!]
I don't believe you.	**Size inanmıyorum.** [sizɛ inanmıjorum]
I can't.	**Yapamam.** [japamam]
I don't know.	**Bilmiyorum.** [bilmijorum]
I don't understand you.	**Sizi anlamıyorum.** [sizi anlamıjorum]

Please go away.	**Lütfen gider misiniz?** [lytfɛn gidɛr misiniz?]
Leave me alone!	**Beni rahat bırakın!** [beni rahat bırakın!]

I can't stand him.	**Ona katlanamıyorum!** [ona katlanamıjorum!]
You are disgusting!	**İğrençsiniz!** [i:irɛntʃsiniz!]
I'll call the police!	**Polisi arayacağım!** [polisi arajadʒa:ım!]

Sharing impressions. Emotions

I like it.	**Bunu sevdim.** [bunu sɛvdim]
Very nice.	**Çok hoş.** [ʧok hoʃ]
That's great!	**Bu harika!** [bu harika!]
It's not bad.	**Fena değil.** [fena dɛ:il]

I don't like it.	**Bundan hoşlanmadım.** [bundan hoʃlanmadım]
It's not good.	**Bu iyi değil.** [bu iʃi dɛ:il]
It's bad.	**Bu kötü.** [bu køty]
It's very bad.	**Bu çok kötü.** [bu ʧok køty]
It's disgusting.	**Bu iğrenç.** [bu i:irɛnʧ]

I'm happy.	**Mutluyum.** [mutlujum]
I'm content.	**Halimden memnunum.** [halimdɛn mɛmnunum]
I'm in love.	**Aşığım.** [aʃı:ım]
I'm calm.	**Sakinim.** [sakinim]
I'm bored.	**Sıkıldım.** [sıkıldım]

I'm tired.	**Yorgunum.** [jorgunum]
I'm sad.	**Üzgünüm.** [yzgynym]
I'm frightened.	**Korkuyorum.** [korkujorum]

I'm angry.	**Kızgınım.** [kızgınım]
I'm worried.	**Endişeliyim.** [ɛndiʃelijim]
I'm nervous.	**Gerginim.** [gerginim]

I'm jealous. (envious) **Kıskanıyorum.**
[kıskanıjorum]

I'm surprised. **Şaşırdım.**
[ʃaʃırdım]

I'm perplexed. **Şaşkınım.**
[ʃaʃkınım]

Problems. Accidents

I've got a problem.	**Bir sorunum var.** [bir sorunum var]
We've got a problem.	**Bir sorunumuz var.** [bir sorunumuz var]
I'm lost.	**Kayboldum.** [kajboldum]
I missed the last bus (train).	**Son otobüsü (treni) kaçırdım.** [son otobysy (treni) katʃırdım]
I don't have any money left.	**Hiç param kalmadı.** [hitʃ param kalmadı]

I've lost my ...	**... kaybettim.** [... kajbɛttim]
Someone stole my ...	**Biri ... çaldı.** [biri ... tʃaldı]
passport	**pasaportumu** [pasaportumu]
wallet	**cüzdanımı** [dʒyzdanımı]
papers	**belgelerimi** [belgelerimi]
ticket	**biletimi** [biletimi]

money	**paramı** [paramı]
handbag	**el çantamı** [ɛl tʃantamı]
camera	**fotoğraf makinamı** [foto:raf makinamı]
laptop	**dizüstü bilgisayarımı** [dizysty bilgisajarımı]
tablet computer	**tablet bilgisayarımı** [tablet bilgisajarımı]
mobile phone	**cep telefonumu** [dʒɛp tɛlefonumu]

Help me!	**Yardım edin!** [jardım ɛdin!]
What's happened?	**Ne oldu?** [nɛ oldu?]
fire	**yangın** [jangın]

shooting	silahlı çatışma
	[silahlı ʧatıʃma]
murder	cinayet
	[dʒinajet]
explosion	patlama
	[patlama]
fight	kavga
	[kavga]

Call the police!	Polis çağırın!
	[polis ʧa:ırın!]
Please hurry up!	Lütfen acele edin!
	[lytfɛn adʒɛle ɛdin!]
I'm looking for the police station.	Karakolu arıyorum.
	[karakolu arıjorum]
I need to make a call.	Telefon açmam gerek.
	[tɛlefon aʧmam gerek]
May I use your phone?	Telefonunuzu kullanabilir miyim?
	[tɛlefonunuzu kullanabilir mijim?]

I've been ...	Ben ...
	[ben ...]
mugged	gasp edildim.
	[gasp ɛdildim]
robbed	soyuldum.
	[sojuldum]
raped	tecavüze uğradım.
	[tɛdʒavyzɛ u:radım]
attacked (beaten up)	saldırıya uğradım.
	[saldırıja u:radım]
Are you all right?	İyi misiniz?
	[iji misiniz?]
Did you see who it was?	Kim olduğunu gördünüz mü?
	[kim oldu:unu gørdynyz my?]
Would you be able to recognize the person?	Yapanı görseniz, tanıyabilir misiniz?
	[japanı gørsɛniz, tanıjabilir misiniz?]
Are you sure?	Emin misiniz?
	[ɛmin misiniz?]

Please calm down.	Lütfen sakinleşin.
	[lytfɛn sakinleʃin]
Take it easy!	Sakin ol!
	[sakin ol!]
Don't worry!	Endişelenmeyin!
	[ɛndiʃɛlenmɛjin!]
Everything will be fine.	Herşey yoluna girecek.
	[hɛrʃɛj joluna giredʒek]
Everything's all right.	Herşey yolunda.
	[hɛrʃɛj jolunda]
Come here, please.	Buraya gelin, lütfen.
	[buraja gelin, lytfɛn]

I have some questions for you.

Size birkaç sorum olacak.
[sizε birkatʃ sorum oladʒak]

Wait a moment, please.

Bir dakika bekler misiniz, lütfen?
[bir dakika beklεr misiniz, lytfεn?]

Do you have any I.D.?

Kimliğiniz var mı?
[kimliğiniz var mı?]

Thanks. You can leave now.

Teşekkürler. Şimdi gidebilirsiniz.
[tεʃekkyrlεr. ʃimdi gidεbilirsiniz]

Hands behind your head!

Ellerinizi başınızın arkasına koyun!
[εllεrinizi baʃınızın arkasına kojun!]

You're under arrest!

Tutuklusunuz!
[tutuklusunuz!]

Health problems

Please help me.	**Lütfen bana yardım eder misiniz?** [lytfɛn bana jardım ɛdɛr misiniz?]
I don't feel well.	**Kendimi iyi hissetmiyorum.** [kendimi iji hissɛtmijorum]
My husband doesn't feel well.	**Kocam kendisini iyi hissetmiyor.** [koʤam kendisini iji hissɛtmijor]
My son ...	**Oğlum ...** [o:lum ...]
My father ...	**Babam ...** [babam ...]
My wife doesn't feel well.	**Karım kendisini iyi hissetmiyor.** [karım kendisini iji hissɛtmijor]
My daughter ...	**Kızım ...** [kızım ...]
My mother ...	**Annem ...** [annɛm ...]
I've got a ...	**... ağrıyor.** [... a:rıjor]
headache	**Başım** [baʃim]
sore throat	**Boğazım** [bo:azım]
stomach ache	**Midem** [midɛm]
toothache	**Dişim** [diʃim]
I feel dizzy.	**Başım dönüyor.** [baʃim dønyjor]
He has a fever.	**Ateşi var.** [atɛʃi var]
She has a fever.	**Ateşi var.** [atɛʃi var]
I can't breathe.	**Nefes alamıyorum.** [nɛfɛs alamıjorum]
I'm short of breath.	**Nefesim daralıyor.** [nɛfɛsim daralıjor]
I am asthmatic.	**Astımım var.** [astımım var]
I am diabetic.	**Şeker hastalığım var.** [ʃekɛr hastalı:ım var]

| I can't sleep. | **Uyuyamıyorum.**
[ujujamıjorum] |
| food poisoning | **Gıda zehirlenmesi**
[gıda zɛhirlenmɛsi] |

It hurts here.	**Burası acıyor.** [burası adʒıjor]
Help me!	**Yardım edin!** [jardım ɛdin!]
I am here!	**Buradayım!** [buradajım!]
We are here!	**Buradayız!** [buradajız!]
Get me out of here!	**Beni buradan çıkarın!** [beni buradan ʧıkarın!]
I need a doctor.	**Doktora ihtiyacım var.** [doktora ihtijadʒım var]
I can't move.	**Hareket edemiyorum.** [harekɛt ɛdɛmijorum]
I can't move my legs.	**Bacaklarımı kıpırdatamıyorum.** [badʒaklarımı kıpırdatamıjorum]

I have a wound.	**Yaralandım.** [jaralandım]
Is it serious?	**Ciddi mi?** [dʒiddi mi?]
My documents are in my pocket.	**Belgelerim cebimde.** [belgelerim dʒɛbimdɛ]
Calm down!	**Sakin olun!** [sakin olun!]
May I use your phone?	**Telefonunuzu kullanabilir miyim?** [tɛlefonunuzu kullanabilir mijim?]

Call an ambulance!	**Ambulans çağırın!** [ambulans ʧa:ırın!]
It's urgent!	**Acil!** [adʒil!]
It's an emergency!	**Bu bir acil durum!** [bu bir adʒil durum!]
Please hurry up!	**Lütfen acele edin!** [lytfɛn adʒele ɛdin!]
Would you please call a doctor?	**Lütfen doktor çağırır mısınız?** [lytfɛn doktor ʧa:ırır mısınız?]
Where is the hospital?	**Hastane nerede?** [hastanɛ nɛrɛdɛ?]

How are you feeling?	**Kendinizi nasıl hissediyorsunuz?** [kendinizi nasıl hissɛdijorsunuz?]
Are you all right?	**İyi misiniz?** [iji misiniz?]
What's happened?	**Ne oldu?** [nɛ oldu?]

I feel better now.

Şimdi daha iyiyim.
[ʃimdi daha ijijim]

It's OK.

Sorun değil.
[sorun dɛ:il]

It's all right.

Bir şeyim yok.
[bir ʃɛjim jok]

At the pharmacy

pharmacy (drugstore)	**eczane** [ɛdʒzane]
24-hour pharmacy	**nöbetçi eczane** [nøbɛtʃi ɛdʒzane]
Where is the closest pharmacy?	**En yakın eczane nerede?** [ɛn jakın ɛdʒzane nɛrɛdɛ?]

Is it open now?	**Şu an açık mı?** [ʃu an atʃık mı?]
At what time does it open?	**Saat kaçta açılıyor?** [saat katʃta atʃılıjor?]
At what time does it close?	**Saat kaçta kapanıyor?** [saat katʃta kapanıjor?]

Is it far?	**Uzakta mı?** [uzakta mı?]
Can I get there on foot?	**Oraya yürüyerek gidebilir miyim?** [oraja jyryjerek gidɛbilir mijim?]
Can you show me on the map?	**Yerini haritada gösterebilir misiniz?** [jerini haritada gøstɛrɛbilir misiniz?]

Please give me something for ...	**Lütfen ... için bir şey verir misiniz?** [lytfɛn ... itʃin bir ʃɛj vɛrir misiniz?]
a headache	**baş ağrısı** [baʃ a:rısı]
a cough	**öksürük** [øksyryk]
a cold	**soğuk algınlığı** [so:uk algınlı:ı]
the flu	**grip** [grip]

a fever	**ateş** [atɛʃ]
a stomach ache	**mide ağrısı** [midɛ a:rısı]
nausea	**bulantı** [bulantı]
diarrhea	**ishal** [ishal]
constipation	**kabızlık** [kabızlık]
pain in the back	**sırt ağrısı** [sırt a:rısı]

chest pain	göğüs ağrısı [gø:øys a:rısı]
side stitch	dalak şişmesi [dalak ʃiʃmɛsi]
abdominal pain	karın ağrısı [karın a:rısı]

pill	hap [hap]
ointment, cream	merhem, krem [mɛrhɛm, krɛm]
syrup	şurup [ʃurup]
spray	sprey [sprɛj]
drops	damla [damla]

You need to go to the hospital.	Hastaneye gitmeniz gerek. [hastanɛje gitmɛniz gerek]
health insurance	sağlık sigortası [sa:lık sigortası]
prescription	reçete [retʃɛtɛ]
insect repellant	böcek ilacı [bødʒek iladʒı]
Band Aid	yara bandı [jara bandı]

The bare minimum

Excuse me, ...	**Affedersiniz, ...** [affedɛrsiniz, ...]
Hello.	**Merhaba.** [mɛrhaba]
Thank you.	**Teşekkürler.** [tɛʃekkyrlɛr]
Good bye.	**Hoşça kalın.** [hoʃʧa kalın]
Yes.	**Evet.** [ɛvet]
No.	**Hayır.** [hajır]
I don't know.	**Bilmiyorum.** [bilmijorum]
Where? | Where to? | When?	**Nerede? | Nereye? | Ne zaman?** [nɛrɛdɛ? | nɛrɛje? | nɛ zaman?]

I need ...	**Bana ... lazım.** [bana ... lazım]
I want ...	**... istiyorum.** [... istijorum]
Do you have ...?	**Sizde ... var mı?** [sizdɛ ... var mı?]
Is there a ... here?	**Burada ... var mı?** [burada ... var mı?]
May I ...?	**... yapabilir miyim?** [... japabilir mijim?]
..., please (polite request)	**..., lütfen** [..., lytfɛn]

I'm looking for ...	**Ben ... arıyorum.** [ben ... arıjorum]
restroom	**tuvaleti** [tuvaleti]
ATM	**bankamatik** [bankamatik]
pharmacy (drugstore)	**eczane** [ɛʤzane]
hospital	**hastane** [hastanɛ]
police station	**karakolu** [karakolu]
subway	**metroyu** [metroju]

taxi	**taksi** [taksi]
train station	**tren istasyonunu** [tren istasjonunu]

My name is ...	**Benim adım ...** [benim adım ...]
What's your name?	**Adınız nedir?** [adınız nɛdir?]
Could you please help me?	**Bana yardım edebilir misiniz, lütfen?** [bana jardım ɛdɛbilir misiniz, lytfɛn?]
I've got a problem.	**Bir sorunum var.** [bir sorunum var]
I don't feel well.	**Kendimi iyi hissetmiyorum.** [kendimi iji hissɛtmijorum]
Call an ambulance!	**Ambulans çağırın!** [ambulans ʧa:ırın!]
May I make a call?	**Telefonunuzdan bir arama yapabilir miyim?** [tɛlefonunuzdan bir arama japabilir mijim?]

I'm sorry.	**Üzgünüm.** [yzgynym]
You're welcome.	**Rica ederim.** [ridʒa ɛdɛrim]

I, me	**Ben, bana** [ben, bana]
you (inform.)	**sen** [sen]
he	**o** [o]
she	**o** [o]
they (masc.)	**onlar** [onlar]
they (fem.)	**onlar** [onlar]
we	**biz** [biz]
you (pl)	**siz** [siz]
you (sg, form.)	**siz** [siz]

ENTRANCE	**GİRİŞ** [giriʃ]
EXIT	**ÇIKIŞ** [ʧikiʃ]
OUT OF ORDER	**HİZMET DIŞI** [hizmɛt diʃi]

CLOSED

KAPALI
[kapali]

OPEN

AÇIK
[atʃik]

FOR WOMEN

KADINLAR İÇİN
[kadinlar itʃin]

FOR MEN

ERKEKLER İÇİN
[ɛrkeklɛr itʃin]

CONCISE DICTIONARY

This section contains more than 1,500 useful words arranged alphabetically. The dictionary includes a lot of gastronomic terms and will be helpful when ordering food at a restaurant or buying groceries

T&P Books Publishing

DICTIONARY CONTENTS

T&P Books Publishing

T&P Books Publishing

time	zaman, vakit	[zaman], [vakit]
hour	saat	[sa:t]
half an hour	yarım saat	[jarım sa:t]
minute	dakika	[dakika]
second	saniye	[sanijæ]

today (adv)	bugün	[bugyn]
tomorrow (adv)	yarın	[jarın]
yesterday (adv)	dün	[dyn]

Monday	Pazartesi	[pazartæsi]
Tuesday	Salı	[salı]
Wednesday	Çarşamba	[tʃarʃamba]
Thursday	Perşembe	[pærʃæmbæ]
Friday	Cuma	[dʒuma]
Saturday	Cumartesi	[dʒumartæsi]
Sunday	Pazar	[pazar]

day	gün	[gyn]
working day	iş günü	[iʃ gyny]
public holiday	bayram günü	[bajram gyny]
weekend	hafta sonu	[hafta sonu]

week	hafta	[hafta]
last week (adv)	geçen hafta	[gætʃæn hafta]
next week (adv)	gelecek hafta	[gæʎdʒæk hafta]

| sunrise | güneşin doğuşu | [gynæʃin douʃu] |
| sunset | güneş batışı | [gynæʃ batıʃı] |

| in the morning | sabahleyin | [sabahlæjın] |
| in the afternoon | öğleden sonra | [øjlædæn sonra] |

| in the evening | akşamleyin | [akʃamlæjın] |
| tonight (this evening) | bu akşam | [bu akʃam] |

| at night | geceleyin | [gædʒælæjın] |
| midnight | gece yarısı | [gædʒæ jarısı] |

January	ocak	[odʒak]
February	şubat	[ʃubat]
March	mart	[mart]
April	nisan	[nisan]
May	mayıs	[majıs]
June	haziran	[haziran]

July	temmuz	[tæmmuz]
August	ağustos	[a:ustos]
September	eylül	[æjlyʎ]
October	ekim	[ækim]
November	kasım	[kasım]
December	aralık	[aralık]

in spring	ilkbaharda	[iʎkbaharda]
in summer	yazın	[jazın]
in fall	sonbaharda	[sonbaharda]
in winter	kışın	[kıʃın]

month	ay	[aj]
season (summer, etc.)	mevsim	[mævsim]
year	yıl, sene	[jıl], [sænæ]
century	yüzyıl	[juz jıl]

2. Numbers. Numerals

digit, figure	rakam	[rakam]
number	sayı	[sajı]
minus sign	eksi	[æksi]
plus sign	artı	[artı]
sum, total	toplam	[toplam]

first (adj)	birinci	[birindʒi]
second (adj)	ikinci	[ikindʒi]
third (adj)	üçüncü	[utʃundʒy]

0 zero	sıfır	[sıfır]
1 one	bir	[bir]
2 two	iki	[iki]
3 three	üç	[jutʃ]
4 four	dört	[dørt]

5 five	beş	[bæʃ]
6 six	altı	[altı]
7 seven	yedi	[jædi]
8 eight	sekiz	[sækiz]
9 nine	dokuz	[dokuz]
10 ten	on	[on]

11 eleven	on bir	[on bir]
12 twelve	on iki	[on iki]
13 thirteen	on üç	[on jutʃ]
14 fourteen	on dört	[on dørt]
15 fifteen	on beş	[on bæʃ]

| 16 sixteen | on altı | [on altı] |
| 17 seventeen | on yedi | [on jædi] |

| 18 eighteen | on sekiz | [on sækiz] |
| 19 nineteen | on dokuz | [on dokuz] |

20 twenty	yirmi	[jırmi]
30 thirty	otuz	[otuz]
40 forty	kırk	[kırk]
50 fifty	elli	[ælli]

60 sixty	altmış	[altmıʃ]
70 seventy	yetmiş	[jætmiʃ]
80 eighty	seksen	[sæksæn]
90 ninety	doksan	[doksan]

100 one hundred	yüz	[juz]
200 two hundred	iki yüz	[iki juz]
300 three hundred	üç yüz	[utʃ juz]
400 four hundred	dört yüz	[dørt juz]
500 five hundred	beş yüz	[bæʃ juz]

600 six hundred	altı yüz	[altı juz]
700 seven hundred	yedi yüz	[jædi juz]
800 eight hundred	sekiz yüz	[sækiz juz]
900 nine hundred	dokuz yüz	[dokuz juz]
1000 one thousand	bin	[bin]

| 10000 ten thousand | on bin | [on bin] |
| one hundred thousand | yüz bin | [juz bin] |

| million | milyon | [bir miʎion] |
| billion | milyar | [bir miʎjar] |

3. Humans. Family

man (adult male)	erkek	[ærkæk]
young man	delikanlı	[dælikanlı]
teenager	ergen	[ærgæn]
woman	kadın, bayan	[kadın], [bajan]
girl (young woman)	kız	[kız]

age	yaş	[jaʃ]
adult (adj)	yetişkin	[jætiʃkin]
middle-aged (adj)	orta yaşlı	[orta jaʃlı]
elderly (adj)	yaşlı	[jaʃlı]
old (adj)	ihtiyar, yaşlı	[ihtijar], [jaʃlı]

old man	ihtiyar	[ihtijar]
old woman	yaşlı kadın	[jaʃlı kadın]
retirement	emekli maaşı	[æmækli ma:ʃı]
to retire (from job)	emekli olmak	[æmækli olmak]
retiree	emekli	[æmækli]

mother	anne	[aŋæ]
father	baba	[baba]
son	oğul	[øul]
daughter	kız	[kız]
brother	kardeş	[kardæʃ]
sister	abla	[abla]

parents	ana baba	[ana baba]
child	çocuk	[ʧoʤuk]
children	çocuklar	[ʧoʤuklar]
stepmother	üvey anne	[juvæj aŋæ]
stepfather	üvey baba	[juvæj baba]

grandmother	büyük anne	[byjuk aŋæ]
grandfather	büyük baba	[byjuk baba]
grandson	erkek torun	[ærkæk torun]
granddaughter	kız torun	[kız torun]
grandchildren	torunlar	[torunlar]

uncle	amca, dayı	[amʤa], [dai:]
aunt	teyze, hala	[tæjzæ], [hala]
nephew	erkek yeğen	[ærkæk jæ:n]
niece	kız yeğen	[kız jæ:n]

wife	hanım, eş	[hanım], [æʃ]
husband	eş, koca	[æʃ], [koʤa]
married (masc.)	evli	[ævli]
married (fem.)	evli	[ævli]
widow	dul kadın	[dul kadın]
widower	dul erkek	[dul ærkæk]

name (first name)	ad, isim	[ad], [isim]
surname (last name)	soyadı	[sojadı]

relative	akraba	[akraba]
friend (masc.)	dost, arkadaş	[dost], [arkadaʃ]
friendship	dostluk	[dostluk]

partner	ortak	[ortak]
superior (n)	amir	[amir]
colleague	meslektaş	[mæslæktaʃ]
neighbors	komşular	[komʃular]

4. Human body

organism (body)	organizma	[organizma]
body	vücut	[vyʤut]
heart	kalp	[kaʎp]
blood	kan	[kan]
brain	beyin	[bæjın]

nerve	sinir	[sinir]
bone	kemik	[kæmik]
skeleton	iskelet	[iskælæt]
spine (backbone)	omurga	[omurga]
rib	kaburga	[kaburga]
skull	kafatası	[kafatası]

muscle	kas	[kas]
lungs	akciğer	[akʤijær]
skin	cilt	[ʤiʎt]

head	baş	[baʃ]
face	yüz	[juz]
nose	burun	[burun]
forehead	alın	[alın]
cheek	yanak	[janak]

mouth	ağız	[aız]
tongue	dil	[diʎ]
tooth	diş	[diʃ]
lips	dudaklar	[dudaklar]
chin	çene	[ʧænæ]
ear	kulak	[kulak]
neck	boyun	[bojun]
throat	boğaz	[boaz]

eye	göz	[gøz]
pupil	gözbebeği	[gøz bæbæı]
eyebrow	kaş	[kaʃ]
eyelash	kirpik	[kirpik]

hair	saçlar	[saʧlar]
hairstyle	saç	[saʧ]
mustache	bıyık	[bıjık]
beard	sakal	[sakal]
to have (a beard, etc.)	uzatmak, bırakmak	[uzatmak], [bırakmak]
bald (adj)	kel	[kæʎ]

hand	el	[æʎ]
arm	kol	[kol]
finger	parmak	[parmak]
nail	tırnak	[tırnak]
palm	avuç	[avuʧ]

shoulder	omuz	[omuz]
leg	bacak	[baʤak]
foot	ayak	[ajak]
knee	diz	[diz]
heel	topuk	[topuk]
back	sırt	[sırt]
waist	bel	[bæʎ]
beauty mark	ben	[bæn]

5. Medicine. Diseases. Drugs

health	sağlık	[sa:lık]
well (not sick)	sağlıklı	[sa:lıklı]
sickness	hastalık	[hastalık]
to be sick	hasta olmak	[hasta olmak]
ill, sick (adj)	hasta	[hasta]

cold (illness)	soğuk algınlığı	[souk algınlı:]
to catch a cold	soğuk almak	[souk almak]
tonsillitis	anjin	[anʒin]
pneumonia	zatürree	[zatyræ]
flu, influenza	grip	[grip]

runny nose (coryza)	nezle	[næzlæ]
cough	öksürük	[øksyryk]
to cough (vi)	öksürmek	[øksyrmæk]
to sneeze (vi)	hapşırmak	[hapʃırmak]

stroke	felç	[fæʌtʃ]
heart attack	enfarktüs	[ænfarktys]
allergy	alerji	[alærʒi]
asthma	astım	[astım]
diabetes	diyabet	[diabæt]

tumor	tümör, ur	[tymør], [jur]
cancer	kanser	[kansær]
alcoholism	alkoliklik	[alkoliklik]
AIDS	AİDS	[æids]
fever	sıtma	[sıtma]
seasickness	deniz tutması	[dæniz tutması]

bruise (hématome)	çürük	[tʃuryk]
bump (lump)	şişlik	[ʃiʃlik]
to limp (vi)	topallamak	[topallamak]
dislocation	çıkık	[tʃıkık]
to dislocate (vt)	çıkmak	[tʃıkmak]

fracture	kırık, fraktür	[kirik], [fraktyr]
burn (injury)	yanık	[janık]
injury	yara, zarar	[jara], [zarar]
pain	acı	[adʒı]
toothache	diş ağrısı	[diʃ a:rısı]

to sweat (perspire)	terlemek	[tærlæmæk]
deaf (adj)	sağır	[saır]
mute (adj)	dilsiz	[diʌsiz]

immunity	bağışıklık	[baıʃıklık]
virus	virüs	[virys]
microbe	mikrop	[mikrop]

| bacterium | bakteri | [baktæri] |
| infection | enfeksiyon | [ænfæksijon] |

hospital	hastane	[hastanæ]
cure	çare	[tʃaræ]
to vaccinate (vt)	aşı yapmak	[aʃı japmak]
to be in a coma	komada olmak	[komada olmak]
intensive care	yoğun bakım	[joun bakım]
symptom	belirti	[bælirti]
pulse	nabız	[nabız]

6. Feelings. Emotions. Conversation

I, me	ben	[bæn]
you	sen	[sæn]
he, she, it	o	[o]

we	biz	[biz]
you (to a group)	siz	[siz]
they	onlar	[onlar]

Hello! (fam.)	Selam!	[sæʎam]
Hello! (form.)	Merhaba!	[mærhaba]
Good morning!	Günaydın!	[gynajdın]
Good afternoon!	İyi günler!	[ijı gynlær]
Good evening!	İyi akşamlar!	[ijı akʃamlar]

to say hello	selam vermek	[sæʎam værmæk]
to greet (vt)	selamlamak	[sæʎamlamak]
How are you?	Nasılsın?	[nasılsın]
Bye-Bye! Goodbye!	Hoşca kalın!	[hoʃdʒa kalın]
Thank you!	Teşekkür ederim!	[tæʃækkyr ædærim]

feelings	duygular	[dujgular]
to be hungry	yemek istemek	[jæmæk istæmæk]
to be thirsty	içmek istemek	[itʃmæk istæmæk]
tired (adj)	yorgun	[jorgun]

to be worried	endişelenmek	[ændiʃælænmæk]
to be nervous	sinirlenmek	[sinirlænmæk]
hope	ümit	[jumit]
to hope (vi, vt)	ummak	[ummak]

character	karakter	[karaktær]
modest (adj)	mütevazi	[mytævazi]
lazy (adj)	tembel	[tæmbæʎ]
generous (adj)	cömert	[dʒømært]
talented (adj)	yetenekli	[jætænækli]
honest (adj)	dürüst	[dyryst]
serious (adj)	ciddi	[dʒiddi]

shy, timid (adj)	çekingen	[ʧækiŋæn]
sincere (adj)	samimi	[samimi]
coward	korkak kimse	[korkak kimsæ]

to sleep (vi)	uyumak	[ujumak]
dream	düş, rüya	[dyʃ], [ruja]
bed	yatak	[jatak]
pillow	yastık	[jastɪk]

insomnia	uykusuzluk	[ujkusuzluk]
to go to bed	uyumaya gitmek	[ujumaja gitmæk]
nightmare	kabus	[kabus]
alarm clock	çalar saat	[ʧalar sa:t]

smile	gülümseme	[gylymsæmæ]
to smile (vi)	gülümsemek	[gylymsæmæk]
to laugh (vi)	gülmek	[gyʌmæk]

quarrel	kavga	[kavga]
insult	hakaret	[hakaræt]
resentment	gücenme	[gyʤænmæ]
angry (mad)	kızgın	[kɪzgɪn]

7. Clothing. Personal accessories

clothes	elbise, kıyafet	[æʌbisæ], [kɪjafæt]
coat (overcoat)	palto	[paʌto]
fur coat	kürk manto	[kyrk manto]
jacket (e.g., leather ~)	ceket	[ʤækæt]
raincoat (trenchcoat, etc.)	trençkot	[trænʧkot]

shirt (button shirt)	gömlek	[gømlæk]
pants	pantolon	[pantolon]
suit jacket	ceket	[ʤækæt]
suit	takım elbise	[takɪm æʌbisæ]

dress (frock)	elbise, kıyafet	[æʌbisæ], [kɪjafæt]
skirt	etek	[ætæk]
T-shirt	tişört	[tiʃort]
bathrobe	bornoz	[bornoz]
pajamas	pijama	[piʒama]
workwear	iş elbisesi	[iʃ æʌbisæsi]

underwear	iç çamaşırı	[iʧ ʧamaʃɪrɪ]
socks	kısa çorap	[kɪsa ʧorap]
bra	sutyen	[sutⁱæn]
pantyhose	külotlu çorap	[kyløtly ʧorap]
stockings (thigh highs)	çorap	[ʧorap]
bathing suit	mayo	[majo]
hat	şapka	[ʃapka]

footwear	ayakkabı	[ajakkabı]
boots (cowboy ~)	çizmeler	[ʧizmælær]
heel	topuk	[topuk]
shoestring	bağ	[ba:]
shoe polish	ayakkabı boyası	[ajakkabı bojası]

cotton (n)	pamuk	[pamuk]
wool (n)	yün	[jun]
fur (n)	kürk	[kyrk]

gloves	eldiven	[æʌdivæn]
mittens	tek parmaklı eldiven	[tæk parmaklı æʌdivæn]
scarf (muffler)	atkı	[atkı]
glasses (eyeglasses)	gözlük	[gøzlyk]
umbrella	şemsiye	[ʃæmsijæ]

tie (necktie)	kravat	[kravat]
handkerchief	mendil	[mændiʌ]
comb	tarak	[tarak]
hairbrush	saç fırçası	[saʧ firʧası]

buckle	kemer tokası	[kæmær tokası]
belt	kemer	[kæmær]
purse	bayan çantası	[bajan ʧantası]

collar	yaka	[jaka]
pocket	cep	[dʒæp]
sleeve	kol	[kol]
fly (on trousers)	pantolon fermuarı	[pantolon færmuarı]

zipper (fastener)	fermuar	[færmuar]
button	düğme	[dyjmæ]
to get dirty (vi)	kirlenmek	[kirlænmæk]
stain (mark, spot)	leke	[lækæ]

8. City. Urban institutions

store	mağaza	[ma:za]
shopping mall	alışveriş merkezi	[alıʃværiʃ mærkæzi]
supermarket	süpermarket	[sypærmarkæt]
shoe store	ayakkabı mağazası	[ajakkabı ma:zası]
bookstore	kitabevi	[kitabævi]

drugstore, pharmacy	eczane	[ædʒzanæ]
bakery	ekmekçi dükkânı	[ækmækʧi dykkanı]
candy store	pastane	[pastanæ]
grocery store	bakkaliye	[bakkalijæ]
butcher shop	kasap dükkanı	[kasap dykkanı]
produce store	manav	[manav]
market	çarşı	[ʧarʃı]

hair salon	kuaför salonu	[kuafør salonu]
post office	postane	[postanæ]
dry cleaners	kuru temizleme	[kuru tæmizlæmæ]
circus	sirk	[sirk]
zoo	hayvanat bahçesi	[hajvanat bahtʃæsi]

theater	tiyatro	[tijatro]
movie theater	sinema	[sinæma]
museum	müze	[myzæ]
library	kütüphane	[kytyphanæ]

mosque	cami	[dʒami]
synagogue	sinagog	[sinagog]
cathedral	katedral	[katædral]
temple	ibadethane	[ibadæthanæ]
church	kilise	[kilisæ]

college	enstitü	[ænstity]
university	üniversite	[juniværsitæ]
school	okul	[okul]
hotel	otel	[otæʌ]
bank	banka	[baŋka]
embassy	elçilik	[æʌtʃilik]
travel agency	seyahat acentesi	[sæjahat adʒæntæsi]

subway	metro	[mætro]
hospital	hastane	[hastanæ]
gas station	benzin istasyonu	[bænzin istasʲonu]
parking lot	park yeri	[park jæri]

ENTRANCE	GİRİŞ	[giriʃ]
EXIT	ÇIKIŞ	[tʃɪkɪʃ]
PUSH	İTİNİZ	[itiniz]
PULL	ÇEKİNİZ	[tʃækiniz]
OPEN	AÇIK	[atʃɪk]
CLOSED	KAPALI	[kapalɪ]

monument	anıt	[anɪt]
fortress	kale	[kalæ]
palace	saray	[saraj]

medieval (adj)	ortaçağ	[ortatʃa:]
ancient (adj)	antik, eski	[antik], [æski]
national (adj)	milli	[milli]
well-known (adj)	meşhur	[mæʃhur]

9. Money. Finances

money	para	[para]
coin	para	[para]

dollar	**dolar**	[dolar]
euro	**Euro**	[juro]
ATM	**bankamatik**	[baŋkamatik]
currency exchange	**döviz bürosu**	[døviz byrosu]
exchange rate	**kur**	[kur]
cash	**nakit para**	[nakit para]
How much?	**Kaç?**	[katʃ]
to pay (vi, vt)	**ödemek**	[ødæmæk]
payment	**ödeme**	[ødæmæ]
change (give the ~)	**para üstü**	[para justy]
price	**fiyat**	[fijat]
discount	**indirim**	[indirim]
cheap (adj)	**ucuz**	[udʒuz]
expensive (adj)	**pahalı**	[pahalı]
bank	**banka**	[baŋka]
account	**hesap**	[hæsap]
credit card	**kredi kartı**	[krædi kartı]
check	**çek**	[tʃæk]
to write a check	**çek yazmak**	[tʃæk jazmak]
checkbook	**çek defteri**	[tʃæk dæftæri]
debt	**borç**	[bortʃ]
debtor	**borçlu**	[bortʃlu]
to lend (money)	**borç vermek**	[bortʃ værmæk]
to borrow (vi, vt)	**borç almak**	[bortʃ almak]
to rent (~ a tuxedo)	**kiralamak**	[kiralamak]
on credit (adv)	**krediyle**	[krædijlæ]
wallet	**cüzdan**	[dʒyzdan]
safe	**para kasası**	[para kasası]
inheritance	**miras**	[miras]
fortune (wealth)	**varlık**	[varlık]
tax	**vergi**	[værgi]
fine	**ceza**	[dʒæza]
to fine (vt)	**ceza kesmek**	[dʒæza kæsmæk]
wholesale (adj)	**toptan olarak**	[toptan olarak]
retail (adj)	**perakende**	[pærakændæ]
to insure (vt)	**sigorta ettirmek**	[sigorta ættirmæk]
insurance	**sigorta**	[sigorta]
capital	**sermaye**	[særmajæ]
turnover	**muamele**	[muamælæ]
stock (share)	**hisse senedi**	[hissæ sænædi]
profit	**kâr**	[kʲar]
profitable (adj)	**kârlı**	[kʲarlı]
crisis	**kriz**	[kriz]

bankruptcy	iflâs	[ifʎas]
to go bankrupt	iflâs etmek	[ifʎas ætmæk]

accountant	muhasebeci	[muhasæbædʒi]
salary	maaş	[maːʃ]
bonus (money)	prim	[prim]

10. Transportation

bus	otobüs	[otobys]
streetcar	tramvay	[tramvaj]
trolley bus	troleybüs	[trolæjbys]

to go by ...	... gitmek	[gitmæk]
to get on (~ the bus)	... binmek	[binmæk]
to get off ...	... inmek	[inmæk]

stop (e.g., bus ~)	durak	[durak]
terminus	son durak	[son durak]
schedule	tarife	[tarifæ]
ticket	bilet	[bilæt]
to be late (for ...)	gecikmek	[gædʒikmæk]

taxi, cab	taksi	[taksi]
by taxi	taksiyle	[taksiːlæ]
taxi stand	taksi durağı	[taksi duraı]

traffic	trafik	[trafik]
rush hour	bitirim ikili	[bitirim ikili]
to park (vi)	park etmek	[park ætmæk]

subway	metro	[mætro]
station	istasyon	[istasʲon]
train	tren	[træn]
train station	istasyon	[istasʲon]
rails	ray	[raj]
compartment	kompartıman	[kompartıman]
berth	yatak	[jatak]

airplane	uçak	[utʃak]
air ticket	uçak bileti	[utʃak bilæti]
airline	hava yolları şirketi	[hava jolları ʃirkæti]
airport	havaalanı	[havaːlanı]

flight (act of flying)	uçuş	[utʃuʃ]
luggage	bagaj	[bagaʒ]
luggage cart	bagaj arabası	[bagaʒ arabası]

ship	gemi	[gæmi]
cruise ship	büyük gemi	[byjuk gæmi]

yacht	yat	[jat]
boat (flat-bottomed ~)	kayık	[kajık]

captain	kaptan	[kaptan]
cabin	kamara	[kamara]
port (harbor)	liman	[liman]

bicycle	bisiklet	[bisiklæt]
scooter	scooter	[skutær]
motorcycle, bike	motosiklet	[motosiklæt]
pedal	pedal	[pædaʎ]
pump	pompa	[pompa]
wheel	tekerlek	[tækærlæk]

automobile, car	araba	[araba]
ambulance	ambulans	[ambulans]
truck	kamyon	[kamˈon]
used (adj)	kullanılmış	[kullanılmıʃ]
car crash	kaza	[kaza]
repair	tamirat	[tamirat]

11. Food. Part 1

meat	et	[æt]
chicken	tavuk eti	[tavuk æti]
duck	ördek	[ørdæk]

pork	domuz eti	[domuz æti]
veal	dana eti	[dana æti]
lamb	koyun eti	[kojun æti]
beef	sığır eti	[sɪ:r æti]

sausage (bologna, pepperoni, etc.)	sucuk, sosis	[sudʒuk], [sosis]
egg	yumurta	[jumurta]
fish	balık	[balık]
cheese	peynir	[pæjnir]
sugar	şeker	[ʃækær]
salt	tuz	[tuz]

rice	pirinç	[pirintʃ]
pasta	makarna	[makarna]
butter	tereyağı	[tæræjaɪ]
vegetable oil	bitkisel yağ	[bitkisæʎ ja:]
bread	ekmek	[ækmæk]
chocolate (n)	çikolata	[tʃikolata]

wine	şarap	[ʃarap]
coffee	kahve	[kahvæ]
milk	süt	[syt]

juice	meyve suyu	[mæjvæ suju]
beer	bira	[bira]
tea	çay	[ʧaj]

tomato	domates	[domatæs]
cucumber	salatalık	[salatalık]
carrot	havuç	[havuʧ]
potato	patates	[patatæs]
onion	soğan	[soan]
garlic	sarımsak	[sarımsak]

cabbage	lahana	[ʎahana]
beetroot	pancar	[panʤar]
eggplant	patlıcan	[patlıʤan]
dill	dereotu	[dæræotu]
lettuce	yeşil salata	[jæʃiʎ salata]
corn (maize)	mısır	[mısır]

fruit	meyve	[mæjvæ]
apple	elma	[æʎma]
pear	armut	[armut]
lemon	limon	[limon]
orange	portakal	[portakal]
strawberry	çilek	[ʧilæk]

plum	erik	[ærik]
raspberry	ahududu	[ahududu]
pineapple	ananas	[ananas]
banana	muz	[muz]
watermelon	karpuz	[karpuz]
grape	üzüm	[juzym]
melon	kavun	[kavun]

12. Food. Part 2

cuisine	mutfak	[mutfak]
recipe	yemek tarifi	[jæmæk tarifı]
food	yemek	[jæmæk]

to have breakfast	kahvaltı yapmak	[kahvaltı japmak]
to have lunch	öğle yemeği yemek	[øjlæ jæmæi jæmæk]
to have dinner	akşam yemeği yemek	[akʃam jæmæi jæmæk]

taste, flavor	tat	[tat]
tasty (adj)	tatlı, lezzetli	[tatlı], [læzzætlı]
cold (adj)	soğuk	[souk]
hot (adj)	sıcak	[sıʤak]
sweet (sugary)	tatlı	[tatlı]
salty (adj)	tuzlu	[tuzlu]
sandwich (bread)	sandviç	[sandviʧ]

side dish	garnitür	[garnityr]
filling (for cake, pie)	iç	[itʃ]
sauce	salça, sos	[saltʃa], [sos]
piece (of cake, pie)	parça	[partʃa]

diet	rejim, diyet	[reʒim], [dijæt]
vitamin	vitamin	[vitamin]
calorie	kalori	[kalori]
vegetarian (n)	vejetaryen kimse	[væʤætariæn kimsæ]

restaurant	restoran	[ræstoran]
coffee house	kahvehane	[kahvæhanæ]
appetite	iştah	[iʃtah]
Enjoy your meal!	Afiyet olsun!	[afijæt olsun]

waiter	garson	[garson]
waitress	kadın garson	[kadın garson]
bartender	barmen	[barmæn]
menu	menü	[mæny]

spoon	kaşık	[kaʃık]
knife	bıçak	[bıtʃak]
fork	çatal	[tʃatal]
cup (e.g., coffee ~)	fincan	[finʤan]

plate (dinner ~)	tabak	[tabak]
saucer	fincan tabağı	[finʤan tabaı]
napkin (on table)	peçete	[pætʃætæ]
toothpick	kürdan	[kyrdan]

to order (meal)	sipariş etmek	[sipariʃ ætmæk]
course, dish	yemek	[jæmæk]
portion	porsiyon	[porsijon]
appetizer	çerez	[tʃæræz]
salad	salata	[salata]
soup	çorba	[tʃorba]

dessert	tatlı	[tatlı]
whole fruit jam	reçel	[rætʃæʎ]
ice-cream	dondurma	[dondurma]

check	hesap	[hæsap]
to pay the check	hesabı ödemek	[hæsabı ødæmæk]
tip	bahşiş	[bahʃiʃ]

13. House. Apartment. Part 1

house	ev	[æv]
country house	kır evi	[kır ævi]
villa (seaside ~)	villâ	[villa]

floor, story	kat	[kat]
entrance	giriş	[giriʃ]
wall	duvar	[duvar]
roof	çatı	[ʧatı]
chimney	baca	[badʒa]
attic (storage place)	çatı arası	[ʧatı arası]

window	pencere	[pændʒæræ]
window ledge	pencere kenarı	[pændʒæræ kænarı]
balcony	balkon	[balkon]

stairs (stairway)	merdiven	[mærdivæn]
mailbox	posta kutusu	[posta kutusu]
garbage can	çöp tenekesi	[ʧop tænækæsi]
elevator	asansör	[asansør]

electricity	elektrik	[ælæktrik]
light bulb	ampul	[ampuʎ]
switch	elektrik düğmesi	[ælæktrik dyjmæsi]
wall socket	priz	[priz]
fuse	sigorta	[sigorta]

door	kapı	[kapı]
handle, doorknob	kol	[kol]
key	anahtar	[anahtar]
doormat	paspas	[paspas]

door lock	kilit	[kilit]
doorbell	zil	[ziʎ]
knock (at the door)	kapıyı çalma	[kapıjı ʧalma]
to knock (vi)	kapıyı çalmak	[kapıjı ʧalmak]
peephole	kapı gözü	[kapı gøzy]

yard	avlu	[avlu]
garden	bahçe	[bahʧæ]
swimming pool	havuz	[havuz]
gym (home gym)	spor salonu	[spor salonu]
tennis court	tenis kortu	[tænis kortu]
garage	garaj	[garaʒ]

private property	özel mülkiyet	[øzæʎ myʎkijæt]
warning sign	ikaz yazısı	[ikaz jazısı]
security	güvenlik	[gyvænlik]
security guard	güvenlik görevlisi	[gyvænlik gørævlisı]

renovations	tamirat	[tamirat]
to renovate (vt)	tamir etmek	[tamir ætmæk]
to put in order	düzene sokmak	[dyzænæ sokmak]
to paint (~ a wall)	boyamak	[bojamak]
wallpaper	duvar kağıdı	[duvar kʲaıdı]
to varnish (vt)	vernik sürmek	[værnik syrmæk]
pipe	boru	[boru]

tools	aletler	[alætlær]
basement	bodrum	[bodrum]
sewerage (system)	kanalizasyon	[kanalizasⁱon]

14. House. Apartment. Part 2

apartment	daire	[dairæ]
room	oda	[oda]
bedroom	yatak odası	[jatak odası]
dining room	yemek odası	[jæmæk odası]

living room	misafir odası	[misafir odası]
study (home office)	çalışma odası	[tʃalıʃma odası]
entry room	antre	[antræ]
bathroom (room with a bath or shower)	banyo odası	[baɲⁱo odası]
half bath	tuvalet	[tuvalæt]

floor	taban, yer	[taban], [jær]
ceiling	tavan	[tavan]

to dust (vt)	toz almak	[toz almak]
vacuum cleaner	elektrik süpürgesi	[ælæktrik sypyrgæsi]
to vacuum (vt)	elektrik süpürgesi ile süpürmek	[ælæktrik sypyrgæsi ilæ sypyrmæk]

mop	paspas	[paspas]
dust cloth	bez	[bæz]
short broom	süpürge	[sypyrgæ]
dustpan	faraş	[faraʃ]

furniture	mobilya	[mobiʎja]
table	masa	[masa]
chair	sandalye	[sandaʎiæ]
armchair	koltuk	[koltuk]

bookcase	kitaplık	[kitaplık]
shelf	kitap rafı	[kitap rafı]
wardrobe	elbise dolabı	[æʎbisæ dolabı]

mirror	ayna	[ajna]
carpet	halı	[halı]
fireplace	şömine	[ʃominæ]
drapes	perdeler	[pærdlær]
table lamp	masa lambası	[masa lambası]
chandelier	avize	[avizæ]

kitchen	mutfak	[mutfak]
gas stove (range)	gaz sobası	[gaz sobası]
electric stove	elektrik ocağı	[ælæktrik odʒaı]

microwave oven	mikrodalga fırın	[mikrodalga fırın]
refrigerator	buzdolabı	[buzdolabı]
freezer	derin dondurucu	[dærin donduruʤu]
dishwasher	bulaşık makinesi	[bulaʃık makinæsi]
faucet	musluk	[musluk]

meat grinder	kıyma makinesi	[kıjma makinæsi]
juicer	meyve sıkacağı	[mæjvæ sıkaʤaı]
toaster	tost makinesi	[tost makinæsi]
mixer	mikser	[miksær]

coffee machine	kahve makinesi	[kahvæ makinæsi]
kettle	çaydanlık	[ʧajdanlık]
teapot	demlik	[dæmlik]

TV set	televizyon	[tælævizion]
VCR (video recorder)	video	[vidæo]
iron (e.g., steam ~)	ütü	[juty]
telephone	telefon	[tælæfon]

15. Professions. Social status

director	müdür	[mydyr]
superior	şef	[ʃæf]
president	başkan	[baʃkan]
assistant	asistan	[asistan]
secretary	sekreter	[sækrætær]

owner, proprietor	sahip	[sahip]
partner	ortak	[ortak]
stockholder	hissedar	[hissædar]

businessman	iş adamı	[iʃ adamı]
millionaire	milyoner	[miʎonær]
billionaire	milyarder	[miʎjardær]

actor	aktör	[aktør]
architect	mimar	[mimar]
banker	bankacı	[baŋkaʤı]
broker	borsa simsarı	[borsa sımsarı]

veterinarian	veteriner	[vætærinær]
doctor	doktor, hekim	[doktor], [hækim]
chambermaid	hizmetçi	[hizmæʧi]
designer	dizayncı	[dizajnʤi]
correspondent	muhabir	[muhabir]
delivery man	kurye	[kuriæ]

electrician	elektrikçi	[ælæktrikʧi]
musician	müzisyen	[myzisiæn]

babysitter	çocuk bakıcısı	[tʃodʒuk bakıdʒısı]
hairdresser	kuaför	[kuafør]
herder, shepherd	çoban	[tʃoban]

singer (masc.)	şarkıcı	[ʃarkıdʒı]
translator	çevirmen	[tʃævirmæn]
writer	yazar	[jazar]
carpenter	dülger	[dylgær]
cook	aşçı	[aʃtʃı]

fireman	itfaiyeci	[itfajædʒi]
police officer	erkek polis	[ærkæk polis]
mailman	postacı	[postadʒı]
programmer	programcı	[programdʒı]
salesman (store staff)	satıcı	[satıdʒı]

worker	işçi	[iʃtʃi]
gardener	bahçıvan	[bahtʃıvan]
plumber	tesisatçı	[tæsisatʃı]
dentist	dişçi	[diʃtʃi]
flight attendant (fem.)	hostes	[hostæs]

dancer (masc.)	dansçı	[danstʃı]
bodyguard	koruma görevlisi	[koruma gørævlis]
scientist	bilim adamı	[bilim adamı]
schoolteacher	öğretmen	[øjrætmæn]

farmer	çiftçi	[tʃiftʃi]
surgeon	cerrah	[dʒærrah]
miner	maden işçisi	[madæn iʃtʃisi]
chef (kitchen chef)	aşçıbaşı	[aʃtʃıbaʃı]
driver	şoför	[ʃofør]

16. Sport

kind of sports	spor çeşidi	[spor tʃæʃidi]
soccer	futbol	[futbol]
hockey	hokey	[hokæj]
basketball	basketbol	[baskætbol]
baseball	beyzbol	[bæjzbol]

volleyball	voleybol	[volæjbol]
boxing	boks	[boks]
wrestling	güreş	[gyræʃ]
tennis	tenis	[tænis]
swimming	yüzme	[juzmæ]

chess	satranç	[satrantʃ]
running	koşu	[koʃu]
athletics	atletizm	[atlætizm]

| figure skating | artistik patinaj | [artistik patinaʒ] |
| cycling | bisiklet sporu | [bisiklæt sporu] |

billiards	bilardo	[biʌardo]
bodybuilding	vücut geliştirme	[vydʒut gæliʃtirmæ]
golf	golf	[goʌf]
scuba diving	dalgıçlık	[dalgɪtʃlɪk]
sailing	yelken sporu	[jælkæn sporu]
archery	okçuluk	[oktʃuluk]

period, half	yarı	[jarɪ]
half-time	ara	[ara]
tie	beraberlik	[bærabærlik]
to tie (vi)	berabere kalmak	[bærabæræ kalmak]

treadmill	koşu bandı	[koʃu bandɪ]
player	oyuncu	[ojundʒu]
substitute	yedek oyuncu	[jædæk ojundʒu]
substitutes bench	yedek kulübesi	[jædæk kulybæsi]

match	maç	[matʃ]
goal	kale	[kalæ]
goalkeeper	kaleci	[kalædʒi]
goal (score)	gol	[gol]

Olympic Games	Olimpiyat Oyunları	[olimpijat ojunlarɪ]
to set a record	rekor kırmak	[rækor kɪrmak]
final	final	[final]
champion	şampiyon	[ʃampion]
championship	şampiyona	[ʃampiona]

winner	galip, kazanan	[galip], [kazanan]
victory	zafer	[zafær]
to win (vi)	kazanmak	[kazanmak]
to lose (not win)	kaybetmek	[kajbætmæk]
medal	madalya	[madaʌja]

first place	birincilik	[birindʒilik]
second place	ikincilik	[ikindʒilik]
third place	üçüncülük	[utʃundʒylyk]

stadium	stadyum	[stadjym]
fan, supporter	fan, taraftar	[fan], [taraftar]
trainer, coach	antrenör	[antrænør]
training	antrenman	[idman], [antrænman]

17. Foreign languages. Orthography

| language | dil | [diʌ] |
| to study (vt) | öğrenim görmek | [øjrænim gørmæk] |

pronunciation	telaffuz	[tælaffyz]
accent	aksan	[aksan]
noun	isim	[isim]
adjective	sıfat	[sıfat]
verb	fiil	[fi:ʎ]
adverb	zarf	[zarf]
pronoun	zamir	[zamir]
interjection	ünlem	[junlæm]
preposition	edat, ilgeç	[ædat], [ilgætʃ]
root	kelime kökü	[kælimæ køky]
ending	sonek	[sonæk]
prefix	ön ek	[øn æk]
syllable	hece	[hædʒæ]
suffix	son ek	[son æk]
stress mark	vurgu	[vurgu]
period, dot	nokta	[nokta]
comma	virgül	[virgyʎ]
colon	iki nokta	[iki nokta]
ellipsis	üç nokta	[jutʃ nokta]
question	soru	[soru]
question mark	soru işareti	[soru iʃaræti]
exclamation point	ünlem işareti	[junlæm iʃaræti]
in quotation marks	tırnak içinde	[tırnak itʃindæ]
in parenthesis	parantez içinde	[parantæz itʃindæ]
letter	harf	[harf]
capital letter	büyük harf	[byjuk harf]
sentence	cümle	[dʒymlæ]
group of words	kelime grubu	[kælimæ grubu]
expression	deyim, ifade	[dæim], [ifadæ]
subject	özne	[øznæ]
predicate	yüklem	[juklæm]
line	satır	[satır]
paragraph	paragraf	[paragraf]
synonym	eşanlamlı sözcük	[æʃanlamlı søzdʒyk]
antonym	karşıt anlamlı sözcük	[karʃıt anlamlı søzʒyk]
exception	istisna	[istisna]
to underline (vt)	altını çizmek	[altını tʃizmæk]
rules	kurallar	[kurallar]
grammar	gramer	[gramær]
vocabulary	kelime hazinesi	[kælimæ hazinæsi]
phonetics	fonetik	[fonætik]
alphabet	alfabe	[aʎfabæ]

textbook	ders kitabı	[dærs kitabı]
dictionary	sözlük	[søzlyk]
phrasebook	konuşma kılavuzu	[konuʃma kılavuzu]

word	kelime	[kælimæ]
meaning	mana	[mana]
memory	hafıza	[hafıza]

18. The Earth. Geography

the Earth	Dünya	[dyŋja]
the globe (the Earth)	yerküre	[jærkyræ]
planet	gezegen	[gæzægæn]

geography	coğrafya	[dʒorafja]
nature	doğa	[doa]
map	harita	[harita]
atlas	atlas	[atlas]

in the north	kuzeyde	[kuzæjdæ]
in the south	güneyde	[gynæjdæ]
in the west	batıda	[batıda]
in the east	doğuda	[douda]

sea	deniz	[dæniz]
ocean	okyanus	[okjanus]
gulf (bay)	körfez	[kørfæz]
straits	boğaz	[boaz]

continent (mainland)	kıta	[kıta]
island	ada	[ada]
peninsula	yarımada	[jarımada]
archipelago	takımada	[takımada]

harbor	liman	[liman]
coral reef	mercan kayalığı	[mærdʒan kajalı:]
shore	kıyı	[kıjı]
coast	kıyı, sahil	[kıjı], [sahil]

flow (flood tide)	kabarma	[kabarma]
ebb (ebb tide)	cezir	[dʒæzir]

latitude	enlem	[ænlæm]
longitude	boylam	[bojlam]
parallel	paralel	[paralæʎ]
equator	ekvator	[ækvator]

sky	gök	[gøk]
horizon	ufuk	[ufuk]
atmosphere	atmosfer	[atmosfær]

mountain	**dağ**	[da:]
summit, top	**zirve**	[zirvæ]
cliff	**kaya**	[kaja]
hill	**tepe**	[tæpæ]

volcano	**yanardağ**	[janarda:]
glacier	**buzluk**	[buzluk]
waterfall	**şelâle**	[ʃælalæ]
plain	**ova**	[ova]

river	**nehir, ırmak**	[næhir], [ırmak]
spring (natural source)	**kaynak**	[kajnak]
bank (of river)	**sahil**	[sahiʎ]
downstream (adv)	**nehir boyunca**	[næhir bojundʒa]
upstream (adv)	**nehirden yukarı**	[næhirdæn jukarı]

lake	**göl**	[gøʎ]
dam	**baraj**	[baraʒ]
canal	**kanal**	[kanal]
swamp (marshland)	**bataklık**	[bataklık]
ice	**buz**	[buz]

19. Countries of the world. Part 1

Europe	**Avrupa**	[avrupa]
European Union	**Avrupa Birliği**	[avrupa birli:]
European (n)	**Avrupalı**	[avrupalı]
European (adj)	**Avrupa**	[avrupa]

Austria	**Avusturya**	[avusturja]
Great Britain	**Büyük Britanya**	[byjuk britaɲja]
England	**İngiltere**	[iɲiʎtæræ]
Belgium	**Belçika**	[bæʎtʃika]
Germany	**Almanya**	[almaɲja]

Netherlands	**Hollanda**	[hollanda]
Holland	**Hollanda**	[hollanda]
Greece	**Yunanistan**	[junanistan]
Denmark	**Danimarka**	[danimarka]
Ireland	**İrlanda**	[irlanda]

Iceland	**İzlanda**	[izlanda]
Spain	**İspanya**	[ispaɲja]
Italy	**İtalya**	[itaʎja]
Cyprus	**Kıbrıs**	[kıbrıs]
Malta	**Malta**	[maʎta]

Norway	**Norveç**	[norvætʃ]
Portugal	**Portekiz**	[portækiz]
Finland	**Finlandiya**	[finʎandja]

France	Fransa	[fransa]
Sweden	İsveç	[isvætʃ]

Switzerland	İsviçre	[isvitʃræ]
Scotland	İskoçya	[iskotʃja]
Vatican	Vatikan	[vatikan]
Liechtenstein	Lihtenştayn	[lihtænʃtajn]
Luxembourg	Lüksemburg	[lyksæmburg]

Monaco	Monako	[monako]
Albania	Arnavutluk	[arnavutluk]
Bulgaria	Bulgaristan	[bulgaristan]
Hungary	Macaristan	[madʒaristan]
Latvia	Letonya	[lætoɲja]

Lithuania	Litvanya	[litvaɲja]
Poland	Polonya	[poloɲja]
Romania	Romanya	[romaɲja]
Serbia	Sırbistan	[sırbistan]
Slovakia	Slovakya	[slovakja]

Croatia	Hırvatistan	[hırvatistan]
Czech Republic	Çek Cumhuriyeti	[tʃæk dʒumhurijæti]
Estonia	Estonya	[æstoɲja]
Bosnia and Herzegovina	Bosna-Hersek	[bosna hærtsæk]
Macedonia (Republic of ~)	Makedonya	[makædoɲja]

Slovenia	Slovenya	[slovæɲja]
Montenegro	Karadağ	[karada:]
Belarus	Beyaz Rusya	[bæjaz rusja]
Moldova, Moldavia	Moldova	[moldova]
Russia	Rusya	[rusja]
Ukraine	Ukrayna	[ukrajna]

20. Countries of the world. Part 2

Asia	Asya	[asja]
Vietnam	Vietnam	[vʲætnam]
India	Hindistan	[hindistan]
Israel	İsrail	[israiʎ]
China	Çin	[tʃin]

Lebanon	Lübnan	[lybnan]
Mongolia	Moğolistan	[mo:listan]
Malaysia	Malezya	[malæzja]
Pakistan	Pakistan	[pakistan]
Saudi Arabia	Suudi Arabistan	[su:di arabistan]

Thailand	Tayland	[tailand]
Taiwan	Tayvan	[tajvan]

Turkey	Türkiye	[tyrkijæ]
Japan	Japonya	[ʒapoŋja]
Afghanistan	Afganistan	[afganistan]

Bangladesh	Bangladeş	[baŋladæʃ]
Indonesia	Endonezya	[ændonæzja]
Jordan	Ürdün	[urdyn]
Iraq	Irak	[ɪrak]
Iran	İran	[iran]

Cambodia	Kamboçya	[kambotʃja]
Kuwait	Kuveyt	[kuvæjt]
Laos	Laos	[laos]
Myanmar	Myanmar	[mjanmar]
Nepal	Nepal	[næpal]
United Arab Emirates	Birleşik Arap Emirlikleri	[birlæʃik arap æmirliklæri]
Syria	Suriye	[surijæ]
South Korea	Güney Kore	[gynæj koræ]
North Korea	Kuzey Kore	[kuzæj koræ]

United States of America	Amerika Birleşik Devletleri	[amærika birlæʃik dævlætlæri]
Canada	Kanada	[kanada]
Mexico	Meksika	[mæksika]
Argentina	Arjantin	[arʒantin]
Brazil	Brezilya	[bræziʎja]

Colombia	Kolombiya	[kolombija]
Cuba	Küba	[kyba]
Chile	Şili	[ʃili]
Venezuela	Venezuela	[vænæzuæla]
Ecuador	Ekvator	[ækvator]

The Bahamas	Bahama adaları	[bahama adaları]
Panama	Panama	[panama]
Egypt	Mısır	[mısır]
Morocco	Fas	[fas]
Tunisia	Tunus	[tunus]

Kenya	Kenya	[kæŋja]
Libya	Libya	[libja]
South Africa	Güney Afrika Cumhuriyeti	[gynæj afrika dʒumhurijæti]
Australia	Avustralya	[avustraʎja]
New Zealand	Yeni Zelanda	[jæni zælanda]

21. Weather. Natural disasters

| weather | hava | [hava] |
| weather forecast | hava tahmini | [hava tahmini] |

temperature	sıcaklık	[sɪdʒaklɪk]
thermometer	termometre	[tærmomætræ]
barometer	barometre	[baromætræ]

sun	güneş	[gynæʃ]
to shine (vi)	ışık vermek	[ɪʃɪk værmæk]
sunny (day)	güneşli	[gynæʃli]
to come up (vi)	doğmak	[do:mak]
to set (vi)	batmak	[batmak]

rain	yağmur	[ja:mur]
it's raining	yağmur yağıyor	[ja:mur jaɪjor]
pouring rain	sağanak	[sa:nak]
rain cloud	yağmur bulutu	[ja:mur bulutu]
puddle	su birikintisi	[su birikintisi]
to get wet (in rain)	ıslanmak	[ɪslanmak]

thunderstorm	fırtına	[fɪrtɪna]
lightning (~ strike)	şimşek	[ʃimʃæk]
to flash (vi)	çakmak	[tʃakmak]
thunder	gök gürültüsü	[gøk gyryltysy]
it's thundering	gök gürlüyor	[gøk gyrlyjor]
hail	dolu	[dolu]
it's hailing	dolu yağıyor	[dolu jaɪjor]

heat (extreme ~)	sıcaklık	[sɪdʒaklɪk]
it's hot	hava sıcak	[hava sɪdʒak]
it's warm	hava ılık	[hava ɪlɪk]
it's cold	hava soğuk	[hava souk]

fog (mist)	sis, duman	[sis], [duman]
foggy	sisli	[sisli]
cloud	bulut	[bulut]
cloudy (adj)	bulutlu	[bulutlu]
humidity	nem	[næm]

snow	kar	[kar]
it's snowing	kar yağıyor	[kar jaɪjor]
frost (severe ~, freezing cold)	ayaz	[ajaz]
below zero (adv)	sıfırın altında	[sɪfɪrɪn altɪnda]
hoarfrost	kırağı	[kɪraɪ]

bad weather	kötü hava	[køty hava]
disaster	felaket	[fæʎakæt]
flood, inundation	taşkın	[taʃkɪn]
avalanche	çığ	[tʃɪ:]
earthquake	deprem	[dæpræm]

tremor, quake	sarsıntı	[sarsɪntɪ]
epicenter	deprem merkezi	[dæpræm mærkæzi]
eruption	püskürme	[pyskyrmæ]

lava	lav	[lav]
tornado	kasırga	[kasırga]
twister	hortum	[hortum]
hurricane	kasırga	[kasırga]
tsunami	tsunami	[tsunami]
cyclone	siklon	[siklon]

22. Animals. Part 1

animal	hayvan	[hajvan]
predator	yırtıcı hayvan	[jırtıdʒı hajvan]

tiger	kaplan	[kaplan]
lion	aslan	[aslan]
wolf	kurt	[kurt]
fox	tilki	[tiʎki]
jaguar	jagar, jaguar	[ʒagar]

lynx	vaşak	[vaʃak]
coyote	kır kurdu	[kır kurdu]
jackal	çakal	[ʧakal]
hyena	sırtlan	[sırtlan]

squirrel	sincap	[sindʒap]
hedgehog	kirpi	[kirpi]
rabbit	tavşan	[tavʃan]
raccoon	rakun	[rakun]

hamster	cırlak sıçan	[dʒirlak sıʧan]
mole	köstebek	[køstæbæk]
mouse	fare	[faræ]
rat	sıçan	[sıʧan]
bat	yarasa	[jarasa]

beaver	kunduz	[kunduz]
horse	at	[at]
deer	geyik	[gæjık]
camel	deve	[dævæ]
zebra	zebra	[zæbra]

whale	balina	[balina]
seal	fok	[fok]
walrus	mors	[mors]
dolphin	yunus	[junus]

bear	ayı	[ajı]
monkey	maymun	[majmun]
elephant	fil	[fiʎ]
rhinoceros	gergedan	[gærgædan]
giraffe	zürafa	[zyrafa]

hippopotamus	su aygırı	[su ajgırı]
kangaroo	kanguru	[kaŋuru]
cat	kedi	[kædi]

cow	inek	[inæk]
bull	boğa	[boa]
sheep (ewe)	koyun	[kojun]
goat	keçi	[kætʃi]

donkey	eşek	[æʃæk]
pig, hog	domuz	[domuz]
hen (chicken)	tavuk	[tavuk]
rooster	horoz	[horoz]

duck	ördek	[ørdæk]
goose	kaz	[kaz]
turkey (hen)	dişi hindi	[diʃi hindi]
sheepdog	çoban köpeği	[tʃoban køpæi]

23. Animals. Part 2

bird	kuş	[kuʃ]
pigeon	güvercin	[gyværdʒin]
sparrow	serçe	[særtʃæ]
tit	baştankara	[baʃtaŋkara]
magpie	saksağan	[saksa:n]

eagle	kartal	[kartal]
hawk	atmaca	[atmadʒa]
falcon	doğan	[doan]

swan	kuğu	[ku:]
crane	turna	[turna]
stork	leylek	[læjlæk]
parrot	papağan	[papa:n]
peacock	tavus	[tavus]
ostrich	deve kuşu	[dævæ kuʃu]

heron	balıkçıl	[balıktʃil]
nightingale	bülbül	[byʎbyʎ]
swallow	kırlangıç	[kırlaŋɪtʃ]
woodpecker	ağaçkakan	[a:tʃkakan]
cuckoo	guguk	[guguk]
owl	baykuş	[bajkuʃ]

penguin	penguen	[pæŋuæn]
tuna	ton balığı	[ton balı:]
trout	alabalık	[alabalık]
eel	yılan balığı	[jılan balı:]
shark	köpek balığı	[køpæk balı:]

crab	yengeç	[jæŋætʃ]
jellyfish	denizanası	[dæniz anası]
octopus	ahtapot	[ahtapot]

starfish	deniz yıldızı	[dæniz jıldızı]
sea urchin	deniz kirpisi	[dæniz kirpisi]
seahorse	denizatı	[dænizatı]
shrimp	karides	[karidæs]

snake	yılan	[jılan]
viper	engerek	[æŋiræk]
lizard	kertenkele	[kærtæŋkælæ]
iguana	iguana	[iguana]
chameleon	bukalemun	[bukalæmun]
scorpion	akrep	[akræp]

turtle	kaplumbağa	[kaplumba:]
frog	kurbağa	[kurba:]
crocodile	timsah	[timsah]

insect, bug	böcek, haşere	[bødʒæk], [haʃæræ]
butterfly	kelebek	[kælæbæk]
ant	karınca	[karındʒa]
fly	sinek	[sinæk]

mosquito	sivri sinek	[sivri sinæk]
beetle	böcek	[bødʒæk]
bee	arı	[arı]
spider	örümcek	[ørymdʒæk]

24. Trees. Plants

tree	ağaç	[a:tʃ]
birch	huş ağacı	[huʃ a:dʒı]
oak	meşe	[mæʃæ]
linden tree	ıhlamur	[ıhlamur]
aspen	titrek kavak	[titræk kavak]

maple	akça ağaç	[aktʃa a:tʃ]
spruce	ladin ağacı	[ladin a:dʒı]
pine	çam ağacı	[tʃam a:dʒı]
cedar	sedir	[sædir]

poplar	kavak	[kavak]
rowan	üvez ağacı	[juvæz a:dʒı]
beech	kayın	[kajın]
elm	karaağaç	[kara a:tʃ]

| ash (tree) | dişbudak ağacı | [diʃbudak a:dʒı] |
| chestnut | kestane | [kæstanæ] |

palm tree	palmiye	[paʎmijæ]
bush	çalı	[ʧalı]

mushroom	mantar	[mantar]
poisonous mushroom	zehirli mantar	[zæhirli mantar]
cep (Boletus edulis)	bir mantar türü	[bir mantar tyry]
russula	çiğ yenen mantar	[ʧi: jænæn mantar]
fly agaric	sinek mantarı	[sinæk mantarı]
death cap	köygöçüren mantarı	[køjgyʧuræn mantarı]

flower	çiçek	[ʧiʧæk]
bouquet (of flowers)	demet	[dæmæt]
rose (flower)	gül	[gyʎ]
tulip	lale	[ʎalæ]
carnation	karanfil	[karanfiʎ]

camomile	papatya	[papatja]
cactus	kaktüs	[kaktys]
lily of the valley	inci çiçeği	[indʒi ʧiʧæi]
snowdrop	kardelen	[kardælæn]
water lily	beyaz nilüfer	[bæjaz nilyfær]

greenhouse (tropical ~)	limonluk	[limonlyk]
lawn	çimen	[ʧimæn]
flowerbed	çiçek tarhı	[ʧiʧæk tarhı]

plant	bitki	[bitki]
grass	ot	[ot]
leaf	yaprak	[japrak]
petal	taçyaprağı	[tatʃjapraı]
stem	sap	[sap]
young plant (shoot)	filiz	[filiz]

cereal crops	tahıllar	[tahıllar]
wheat	buğday	[bu:daj]
rye	çavdar	[ʧavdar]
oats	yulaf	[julaf]

millet	darı	[darı]
barley	arpa	[arpa]
corn	mısır	[mısır]
rice	pirinç	[pirinʧ]

25. Various useful words

balance (of situation)	denge	[dæŋæ]
base (basis)	temel	[tæmæʎ]
beginning	başlangıç	[baʃlaŋıʧ]
category	kategori	[katægori]
choice	seçme	[sæʧmæ]

coincidence	tesadüf	[tæsadyf]
comparison	karşılaştırma	[karʃilaʃtɪrma]
degree (extent, amount)	derece	[dærædʒæ]

development	gelişme	[gæliʃmæ]
difference	farklılık	[farklɪlɪk]
effect (e.g., of drugs)	tesir	[tæsir]
effort (exertion)	çaba	[ʧaba]

element	eleman	[ælæman]
example (illustration)	örnek	[ørnæk]
fact	gerçek	[gærʧæk]
help	yardım	[jardɪm]

ideal	ideal	[idæal]
kind (sort, type)	çeşit	[ʧæʃit]
mistake, error	hata	[hata]
moment	an	[an]

obstacle	engel	[æŋæʎ]
part (~ of sth)	kısım	[kɪsɪm]
pause (break)	ara	[ara]
position	vaziyet	[vazijæt]

problem	problem	[problæm]
process	süreç	[syræʧ]
progress	ilerleme	[ilærlæmæ]
property (quality)	özellik	[øzællik]

reaction	tepki	[tæpki]
risk	risk	[risk]
secret	sır	[sɪr]
series	seri	[særi]

shape (outer form)	şekil	[ʃækiʎ]
situation	durum	[durum]
solution	çözüm	[ʧozym]
standard (adj)	standart	[standart]

stop (pause)	ara	[ara]
style	tarz	[tarz]
system	sistem	[sistæm]
table (chart)	tablo	[tablo]
tempo, rate	tempo	[tæmpo]

term (word, expression)	terim	[tærim]
truth (e.g., moment of ~)	hakikat	[hakikat]
turn (please wait your ~)	sıra	[sɪra]
urgent (adj)	acil	[adʒiʎ]
utility (usefulness)	fayda	[fajda]
variant (alternative)	versiyon	[værsʲon]

| way (means, method) | usul | [usuʎ] |
| zone | bölge | [bøʎgæ] |

26. Modifiers. Adjectives. Part 1

additional (adj)	ek	[æk]
ancient (~ civilization)	antik, eski	[antik], [æski]
artificial (adj)	suni	[suni]
bad (adj)	kötü	[køty]
beautiful (person)	güzel	[gyzæʎ]

big (in size)	büyük	[byjuk]
bitter (taste)	acı	[adʒı]
blind (sightless)	kör	[kør]
central (adj)	merkez	[mærkæz]

children's (adj)	çocuklar için	[tʃodʒuklar itʃin]
clandestine (secret)	yeraltı	[jæraltı]
clean (free from dirt)	temiz	[tæmiz]
clever (smart)	zeki	[zæki]
compatible (adj)	uyumlu	[ujumlu]

contented (satisfied)	memnun	[mæmnun]
dangerous (adj)	tehlikeli	[tæhlikæli]
dead (not alive)	ölü	[øly]
dense (fog, smoke)	yoğun	[joun]
difficult (decision)	zor	[zor]

dirty (not clean)	kirli	[kirli]
easy (not difficult)	kolay	[kolaj]
empty (glass, room)	boş	[boʃ]
exact (amount)	tam, kesin	[tam], [kæsin]
excellent (adj)	pek iyi	[pæk ijı]

excessive (adj)	fazla, aşırı	[fazla], [aʃırı]
exterior (adj)	dış	[dıʃ]
fast (quick)	hızlı	[hızlı]
fertile (land, soil)	verimli	[værimli]
fragile (china, glass)	kırılgan	[kırılgan]

free (at no cost)	bedava	[bædava]
fresh (~ water)	tatlı	[tatlı]
frozen (food)	dondurulmuş	[dondurulmuʃ]
full (completely filled)	dolu	[dolu]
happy (adj)	mutlu	[mutlu]

hard (not soft)	katı	[katı]
huge (adj)	kocaman	[kodʒaman]
ill (sick, unwell)	hasta	[hasta]
immobile (adj)	hareketsiz	[harækætsiz]

important (adj)	önemli	[ønæmli]
interior (adj)	iç	[itʃ]
last (e.g., ~ week)	geçen	[gætʃæn]
last (final)	en son	[æn son]
left (e.g., ~ side)	sol	[sol]
legal (legitimate)	kanuni	[kanuni]

light (in weight)	hafif	[hafif]
liquid (fluid)	sıvı	[sıvı]
long (e.g., ~ hair)	uzun	[uzun]
loud (voice, etc.)	yüksek	[juksæk]
low (voice)	alçak	[altʃak]

27. Modifiers. Adjectives. Part 2

main (principal)	ana, baş	[ana], [baʃ]
matt, matte	mat	[mat]
mysterious (adj)	esrarengiz	[æsraræŋiz]
narrow (street, etc.)	dar	[dar]
native (~ country)	yerli	[jærli]

negative (~ response)	olumsuz	[olumsuz]
new (adj)	yeni	[jæni]
next (e.g., ~ week)	sonraki	[sonraki]
normal (adj)	normal	[normaʎ]
not difficult (adj)	zor olmayan	[zor olmajan]

obligatory (adj)	zorunlu	[zorunlu]
old (house)	eski	[æski]
open (adj)	açık	[atʃık]
opposite (adj)	zıt	[zıt]
ordinary (usual)	sıradan	[sıradan]

original (unusual)	orijinal	[oriʒinal]
personal (adj)	özel	[øzæʎ]
polite (adj)	nazik	[nazik]
poor (not rich)	fakir	[fakir]

possible (adj)	mümkün	[mymkyn]
principal (main)	esas	[æsas]
probable (adj)	olası	[olası]
prolonged (e.g., ~ applause)	uzatılmış	[uzatılmıʃ]
public (open to all)	kamu	[kamu]

rare (adj)	nadir	[nadir]
raw (uncooked)	çiğ	[tʃi:]
right (not left)	sağ	[sa:]
ripe (fruit)	olgun	[olgun]
risky (adj)	riskli	[riskli]

sad (~ look)	kederli	[kædærli]
second hand (adj)	kullanılmış	[kullanılmıʃ]
shallow (water)	sığ	[sɪ:]
sharp (blade, etc.)	sivri, keskin	[sivri], [kæskin]

short (in length)	kısa	[kısa]
similar (adj)	benzer	[bænzær]
small (in size)	küçük	[kytʃuk]
smooth (surface)	düz	[dyz]
soft (~ toys)	yumuşak	[jumuʃak]

solid (~ wall)	dayanıklı	[dajanıklı]
sour (flavor, taste)	ekşi	[ækʃi]
spacious (house, etc.)	geniş	[gænisʃ]
special (adj)	özel	[øzæʎ]

straight (line, road)	düz	[dyz]
strong (person)	güçlü	[gytʃly]
stupid (foolish)	aptal	[aptal]
superb, perfect (adj)	çok güzel, süper	[tʃok gyzæʎ], [supær]

sweet (sugary)	tatlı	[tatlı]
tan (adj)	bronzlaşmış	[bronzlaʃmıʃ]
tasty (delicious)	tatlı, lezzetli	[tatlı], [læzzætlı]
unclear (adj)	donuk	[donuk]

28. Verbs. Part 1

to accuse (vt)	suçlamak	[sutʃlamak]
to agree (say yes)	razı olmak	[razı olmak]
to announce (vt)	anons etmek	[anons ætmæk]
to answer (vi, vt)	cevap vermek	[dʒævap værmæk]
to apologize (vi)	özür dilemek	[øzyr dilæmæk]

to arrive (vi)	gelmek	[gæʎmæk]
to ask (~ oneself)	sormak	[sormak]
to be absent	bulunmamak	[bulunmamak]
to be afraid	korkmak	[korkmak]
to be born	doğmak	[do:mak]

to be in a hurry	acele etmek	[adʒælæ ætmæk]
to beat (to hit)	vurmak	[vurmak]
to begin (vt)	başlamak	[baʃlamak]
to believe (in God)	inanmak	[inanmak]
to belong to ...	... ait olmak	[ait olmak]
to break (split into pieces)	kırmak	[kırmak]

to build (vt)	inşa etmek	[inʃa ætmæk]
to buy (purchase)	satın almak	[satın almak]
can (v aux)	yapabilmek	[japabiʎmæk]

T&P Books. English-Turkish phrasebook & concise dictionary

| can (v aux) | yapabilmek | [japabiʎmæk] |
| to cancel (call off) | iptal etmek | [iptaʎ ætmæk] |

to catch (vt)	tutmak	[tutmak]
to change (vt)	değiştirmek	[dæiʃtirmæk]
to check (to examine)	kontrol etmek	[kontroʎ ætmæk]
to choose (select)	seçmek	[sætʃmæk]
to clean up (tidy)	toplamak	[toplamak]

to close (vt)	kapamak	[kapamak]
to compare (vt)	karşılaştırmak	[karʃılaʃtırmak]
to complain (vi, vt)	şikayet etmek	[ʃikajæt ætmæk]
to confirm (vt)	tasdik etmek	[tasdik ætmæk]
to congratulate (vt)	tebrik etmek	[tæbrik ætmæk]

to cook (dinner)	pişirmek	[piʃirmæk]
to copy (vt)	kopyalamak	[kopjalamak]
to cost (vt)	değerinde olmak	[dæ:rindæ olmak]
to count (add up)	saymak	[sajmak]
to count on ...	... güvenmek	[gyvænmæk]

to create (vt)	oluşturmak	[oluʃturmak]
to cry (weep)	ağlamak	[a:lamak]
to dance (vi, vt)	dans etmek	[dans ætmæk]
to deceive (vi, vt)	aldatmak	[aldatmak]
to decide (~ to do sth)	karar vermek	[karar værmæk]

to delete (vt)	silmek	[siʎmæk]
to demand (request firmly)	talep etmek	[talæp ætmæk]
to deny (vt)	inkar etmek	[iŋkjar ætmæk]
to depend on ...	... bağlı olmak	[ba:lı olmak]
to despise (vt)	hor görmek	[hor gørmæk]

to die (vi)	ölmek	[øʎmæk]
to dig (vt)	kazmak	[kazmak]
to disappear (vi)	kaybolmak	[kajbolmak]
to discuss (vt)	görüşmek	[gøryʃmæk]
to disturb (vt)	rahatsız etmek	[rahatsız ætmæk]

29. Verbs. Part 2

to dive (vi)	dalmak	[dalmak]
to divorce (vi)	boşanmak	[boʃanmak]
to do (vt)	yapmak, etmek	[japmak], [ætmæk]
to doubt (have doubts)	tereddüt etmek	[tæræddyt ætmæk]
to drink (vi, vt)	içmek	[itʃmæk]

to drop (let fall)	düşürmek	[dyʃyrmæk]
to dry (clothes, hair)	kurutmak	[kurutmak]
to eat (vi, vt)	yemek	[jæmæk]

110

to end (~ a relationship)	kesmek	[kæsmæk]
to excuse (forgive)	affetmek	[afætmæk]
to exist (vi)	var olmak	[var olmak]
to expect (foresee)	önceden görmek	[øndʒædæn gørmæk]
to explain (vt)	izah etmek	[izah ætmæk]
to fall (vi)	düşmek	[dyʃmæk]
to fight (street fight, etc.)	dövüşmek	[døvyʃmæk]
to find (vt)	bulmak	[bulmak]
to finish (vt)	bitirmek	[bitirmæk]
to fly (vi)	uçmak	[utʃmak]
to forbid (vt)	yasaklamak	[jasaklamak]
to forget (vi, vt)	unutmak	[unutmak]
to forgive (vt)	affetmek	[afætmæk]
to get tired	yorulmak	[jorulmak]
to give (vt)	vermek	[værmæk]
to go (on foot)	yürümek, gitmek	[jurymæk], [gitmæk]
to hate (vt)	nefret etmek	[næfræt ætmæk]
to have (vt)	sahip olmak	[sahip olmak]
to have breakfast	kahvaltı yapmak	[kahvaltı japmak]
to have dinner	akşam yemeği yemek	[akʃam jæmæi jæmæk]
to have lunch	öğle yemeği yemek	[øjlæ jæmæi jæmæk]
to hear (vt)	duymak	[dujmak]
to help (vt)	yardım etmek	[jardım ætmæk]
to hide (vt)	saklamak	[saklamak]
to hope (vi, vt)	ummak	[ummak]
to hunt (vi, vt)	avlamak	[avlamak]
to hurry (vi)	acele etmek	[adʒælæ ætmæk]
to insist (vi, vt)	ısrar etmek	[ısrar ætmæk]
to insult (vt)	hakaret etmek	[hakaræt ætmæk]
to invite (vt)	davet etmek	[davæt ætmæk]
to joke (vi)	şaka yapmak	[ʃaka japmak]
to keep (vt)	saklamak	[saklamak]
to kill (vt)	öldürmek	[øldyrmæk]
to know (sb)	tanımak	[tanımak]
to know (sth)	bilmek	[biʎmæk]
to like (I like ...)	hoşlanmak	[hoʃlanmak]
to look at ...	... bakmak	[bakmak]
to lose (umbrella, etc.)	kaybetmek	[kajbætmæk]
to love (sb)	sevmek	[sævmæk]
to make a mistake	hata yapmak	[hata japmak]
to meet (vi, vt)	karşılaşmak	[karʃilaʃmak]
to miss (school, etc.)	gelmemek	[gæʎmæmæk]

30. Verbs. Part 3

to obey (vi, vt)	itaat etmek	[ita:t ætmæk]
to open (vt)	açmak	[atʃmak]
to participate (vi)	katılmak	[katılmak]
to pay (vi, vt)	ödemek	[ødæmæk]
to permit (vt)	izin vermek	[izin værmæk]
to play (children)	oynamak	[ojnamak]
to pray (vi, vt)	dua etmek	[dua ætmæk]
to promise (vt)	vaat etmek	[va:t ætmæk]
to propose (vt)	önermek	[ønærmæk]
to prove (vt)	ispat etmek	[ispat ætmæk]
to read (vi, vt)	okumak	[okumak]
to receive (vt)	almak	[almak]
to rent (sth from sb)	kiralamak	[kiralamak]
to repeat (say again)	tekrar etmek	[tækrar ætmæk]
to reserve, to book	rezerve etmek	[ræzærvæ ætmæk]
to run (vi)	koşmak	[koʃmak]
to save (rescue)	kurtarmak	[kurtarmak]
to say (~ thank you)	söylemek	[søjlæmæk]
to see (vt)	görmek	[gørmæk]
to sell (vt)	satmak	[satmak]
to send (vt)	göndermek	[gøndærmæk]
to shoot (vi)	ateş etmek	[atæʃ ætmæk]
to shout (vi)	bağırmak	[baırmak]
to show (vt)	göstermek	[gøstærmæk]
to sign (document)	imzalamak	[imzalamak]
to sing (vi)	ötmek	[øtmæk]
to sit down (vi)	oturmak	[oturmak]
to smile (vi)	gülümsemek	[gylymsæmæk]
to speak (vi, vt)	konuşmak	[konuʃmak]
to steal (money, etc.)	çalmak	[tʃalmak]
to stop (please ~ calling me)	durdurmak	[durdurmak]
to study (vt)	öğrenmek	[øjrænmæk]
to swim (vi)	yüzmek	[juzmæk]
to take (vt)	almak	[almak]
to talk to ...	... ile konuşmak	[ilæ konuʃmak]
to tell (story, joke)	anlatmak	[anlatmak]
to thank (vt)	teşekkür etmek	[tæʃækkyr ætmæk]
to think (vi, vt)	düşünmek	[dyʃynmæk]
to translate (vt)	çevirmek	[tʃævirmæk]
to trust (vt)	güvenmek	[gyvænmæk]
to try (attempt)	denemek	[dænæmæk]

| to turn (e.g., ~ left) | dönmek | [dønmæk] |
| to turn off | kapatmak | [kapatmak] |

to turn on	açmak	[atʃmak]
to understand (vt)	anlamak	[anlamak]
to wait (vt)	beklemek	[bæklæmæk]
to want (wish, desire)	istemek	[istæmæk]
to work (vi)	çalışmak	[tʃalɪʃmak]
to write (vt)	yazmak	[jazmak]

www.ingramcontent.com/pod-product-compliance
Lightning Source LLC
Chambersburg PA
CBHW070115070426
42448CB00040B/2880